Roberto Arditti

ROMPERE L'ASSEDIO

L'Occidente si salva solo
se capisce le vere sfide del nostro tempo

paesi
EDIZIONI

INDICE

Ringraziamenti

All'editore, in primo luogo, che ha subito creduto con entusiasmo a questo progetto. E poi a Marco Galluccio e Luigi Tonizzo, i cui contributi sono quotidianamente di grande qualità e si riversano anche in queste pagine. Li ringrazio di cuore.

A Mira, che colora la vita.

Introduzione

Il 13 aprile 2024 il governo del Niger firma un succoso *Memorandum of understanding* con il colosso statale China National Petroleum Corp (Cnpc) per forniture di petrolio del valore di 400 milioni di dollari, con estrazione che avverrà dai pozzi di Agadem, nel sud del Paese.

«China is a great friend to Niger, we can never say it enough». Così il primo ministro, nonché ministro dell'Economia e delle Finanze, Ali Mahaman Lamine Zeine, commenta durante la cerimonia trasmessa in diretta dalla tv nazionale *Rtn*.

L'accordo arriva a breve distanza da quello di ottobre 2023, quando a margine dell'annuale riunione di avanzamento della *One Belt One Road Initiative* i due governi - presente Xi Jinping insieme con l'agenzia nazionale per le infrastrutture (Naseni) - siglano un accordo da 6 miliardi di dollari di investimenti cinesi in Niger, compreso un impianto per la produzione di velivoli senza pilota (settore dove il confine tra civile e militare è sostanzialmente inesistente).

Questi passaggi - e molti altri sui quali non serve qui insistere, ma che visti nell'insieme fanno qualcosa che vale tanti miliardi - arrivano dopo che in Niger un colpo di Stato militare depone il presidente eletto nel 2021 Mohamed Bazoum, portando al potere il generale Abdourahamane Tchani.

Come spesso accade nelle dinamiche africane, dunque, anche il Niger esprime una furibonda lotta locale per il potere, che si somma però con un aspetto di carattere internazionale di enorme rilevanza, poiché i nuovi assetti di governo esplicitano, in ogni sede e occasione, critiche allo storico rapporto preferenziale con la Francia (e quindi con l'Europa), anche in nome di nuovi equilibri che vedono la Cina come interlocutore privilegiato. Da qui accordi sempre più complessi che rendono la fragile economia di una nazione giovane come il Niger destinata a entrare nell'orbita cinese per un lungo, lunghissimo periodo.

Siccome questa storia non solo è una di tante, ma ormai fa parte di una tendenza internazionale consolidata, essa diventa ben rappresentativa del variegato affresco che qui viene rappresentato, affresco che tenta di rispondere ad alcune domande a mio avviso essenziali.

Abbiamo consapevolezza della reale complessità della sfida che abbiamo davanti? Conosciamo le forze che stanno cambiando lo scenario internazionale con una rapidità mai vista nella Storia? Sappiamo, almeno nei tratti essenziali, quali sono i fattori decisivi di uno scontro su più livelli che prefigura un secolo assai diverso da quello che avevamo immaginato? Quello della «fine della storia», con annesso trionfo del sistema democratico a economia di mercato, modello unico per il pianeta con annessa globalizzazione dei mercati e pace garantita per tutti?

La verità è che il quadro non è chiaro nemmeno per gli esperti, che spesso riescono a ragionare con lucidità solo per il proprio settore di conoscenza.

Ancor meno puntale è, spesso, la capacità delle classi dirigenti di avere una visione completa o, quantomeno, sufficientemente articolata: esigenze politiche di ogni genere, agenda elettorale sempre più fitta, pressione dei media incombente e necessità di trasferire in tempo reale sui social ogni tipo di decisione (o anche di semplice proposta) rendono la vita del responsabile politico sostanzialmente legata a un «presente continuo», attivo sette giorni su sette e (quasi) 24 ore su 24. Attenzione, perché questo è un aspetto largamente sottovalutato nei ragionamenti sulle classi dirigenti.

Perché se da un lato è vero che tutti i sistemi a basso o nullo livello di ricambio «democratico» del personale al vertice soffrono di tutti i mali tipici della sclerosi del sistema (corruzione, piaggeria imperante, familismo, opposizione feroce al cambiamento, violenza diffusa), è altrettanto vero che figure in cima alla piramide istituzionale per molti e molti più anni dei leader occidentali hanno tutto il tempo per consolidare progetti e decisioni. Questo però è un altro tema, che andrebbe affrontato in quanto tale.

Comunque, così stanno le cose nella stanza dei bottoni. Figuriamoci com'è la situazione a livello di opinione pubblica, dove trionfano approssimazione e pregiudizi, dove si gioca l'ormai abnorme battaglia della disinformazione, resa ancor più efficace (e raffinata) dall'esplosione dei social network, ormai luogo per eccellenza in cui si formano le opinioni.

***

Ecco allora il senso di questo libro, che guarda con occhi italiani - quindi europei, quindi occidentali, quindi «democratici» (perché quest'ultima caratteristica è decisiva per cogliere il senso di molte critiche che vengono mosse a noi europei ad esempio) - al divenire della scena internazionale, cercando di trovare un filo logico tra fatti sempre nuovi e sempre diversi.

Qui però non si tratta di spiegare tutto, per il semplice fatto che è oggettivamente impossibile. Si tratta di scegliere, interpretare, ragionare. E, in ultima analisi, provare a mettere in fila fatti, notizie, numeri e idee.

Per fare questo, o quantomeno provarci, ho scelto un assetto con alcuni argomenti raggruppati in quattro capitoli, dove però il filo narrativo è costruito grazie ad alcune vicende emblematiche (e, in alcuni casi, oggettivamente stupefacenti) scelte per la loro rilevanza e, in qualche caso, per la loro potenzialità, nel senso che hanno tutte le caratteristiche per condizionare i dossier più delicati del mondo di oggi e di quello di domani.

Incontreremo protagonisti notissimi del nostro tempo e figure tanto sconosciute quanto decisive. Viaggeremo tra i continenti, guardando anche ad angoli del mondo dove succedono cose in apparenza marginali ma in realtà di enorme impatto. Racconterò quello che si sa per certo e anche, cercando di restare fedeli al buon senso e al verosimile, un po' di quello che ufficiale non è.

Si comincia da un tema di cambiamento semplicemente epocale per il nostro tempo, cioè la sempre più evidente influenza delle vicende demografiche e migratorie su tutti gli aspetti delle società moderne. Certo il tema riguarda il mondo intero, ma è enormemente più rilevante nella vecchia Europa e in Nord America, dove peraltro si concentrano la gran parte dei Paesi a democrazia diffusa dell'intero pianeta.

La questione è di grande attualità per l'Italia, oggetto del primo approfondimento. Un Paese in cui mancano 30 mila medici al Servizio sanitario nazionale mentre le periferie delle grandi città del nord hanno dati di abbandono scolastico ormai pari a quelli delle più disagiate zone del sud: guarda caso, si tratta proprio di quei quartieri dove la massiccia presenza di famiglie di religione islamica è ormai realtà incontrovertibile.

Però, per capire cosa succede nel mondo, bisogna anche guardare dove le dinamiche sono di segno opposto: ecco perché il libro approfondisce anche cosa accade nel più popoloso Paese africano, cioè la Nigeria. Con un tasso di crescita della popolazione del 2,41% (in Italia è -0,4%) dovrebbe arrivare nel 2050 ad avere 400 milioni di abitanti. Non c'è bisogno di aggiungere altro (per ora), è ben evidente che parliamo di qualcosa di gigantesco ed epocale.

Ma non c'è solo il Mediterraneo come «frontiera» sulla quale si gioca la sfida da brividi dell'immigrazione. Anche il continente americano conosce un confine caldissimo, cioè quello tra Messico e Stati Uniti. Lì si gioca con ogni probabilità anche la prossima campagna elettorale per le presidenziali americane, ma soprattutto lì si gioca ogni giorno una drammatica partita a scacchi, per usare un'espressione «morbida» (le dinamiche sono assai più brutali) tra chi cerca di entrare e chi cerca di impedirglielo.

Si può però andare anche oltre le dinamiche per così dire spontanee in tema di migranti, quelle cioè determinate da una crescente popolazione in giovane età che cerca di raggiungere i Paesi più ricchi (e più vecchi) del mondo. È di questa primavera l'allarme ufficiale delle autorità finlandesi che accusano la Russia di agevolare l'ingresso clandestino di migranti come strumento di ritorsione dopo l'adesione di Helsinki alla Nato. E per avere contezza della dimensione del fenomeno basta ricordare la lunghezza della frontiera tra i due Stati: 1.340 chilometri.

Infine, per capire quanto la temperatura possa farsi incandescente su queste materie, si fa il punto su quanto sta accadendo in quella che è già quasi certamente la nazione più popolosa del mondo, cioè l'India. Proprio a marzo di quest'anno il governo del primo ministro Modi annuncia l'entrata in vigore di una controversa norma (approvata nel 2019) che agevola la regolarizzazione dei migranti non musulmani provenienti da Pakistan, Bangladesh e Afghanistan.

È il più recente segnale di una netta evoluzione in favore della componente induista della popolazione, che vive con crescente ostilità la presenza di circa 180 milioni di islamici, tema peraltro assai presente nella campagna elettorale dell'anno in corso.

L'assedio, dunque, è nei movimenti migratori, pronti a trasformarsi in pressione geopolitica in un batter d'occhio. Ma è anche intimamente legato a questioni militari, ovviamente. La guerra in corso da più di due anni in Ucraina ci fornisce una serie di evidenze che attestano indubitabilmente la fondatezza di questa affermazione. Proverò quindi a darne qualche evidenza, cercando di guardare anche lontano dai 1.576 km di confine tra i due Stati in guerra. È però opportuno iniziare proprio da lì, perché lì stanno accadendo fatti di portata assai vasta e, almeno in parte, tutt'altro che nota. Ad esempio, proprio in questo conflitto fa il suo esordio su ampia scala l'uso di armi che decidono (o possono decidere) autonomamente cosa colpire e quando colpire.

Per questo, la prima storia da raccontare è quella del *Kub-BLA*, il drone russo che può volare e uccidere controllato a distanza oppure fare tutto da solo. Si tratta di un piccolo oggetto, lungo circa un metro e dal peso di pochi chilogrammi. Ma il suo sistema operativo lo rende protagonista di un futuro che è già presente: uno dove le macchine possono uccidere da sole, con capacità autonoma in tutte le fasi operative.

Le implicazioni di quella che è a tutti gli effetti la versione moderna della guerra, però, non sono solo etiche, ma anche pratiche ed estese alla vita economica e sociale di tutti noi. Lo dimostra il cosiddetto *Baltic Jammer*, un fenomeno di forte disturbo al sistema Gps che da mesi tormenta aerei e navi non lontani dall'exclave russa di Kaliningrad: molte sono le evidenze di un'attività ostile che colpisce in primis le tre piccole ex repubbliche sovietiche e la Polonia, ma che condiziona pesantemente i traffici di merci e persone in una vasta area di mare e cielo. A questo nuovo e inquietante strumento di guerra è dedicato il secondo approfondimento, che funziona da opportuna introduzione per le vicende che seguono, proprio perché riguardano mare e cielo. Cioè quelli che senza dubbio alcuno sono gli ambiti più fortemente interessati dai programmi di sviluppo militare in giro per il mondo.

Il terzo approfondimento del capitolo è per il programma di sviluppo della Marina militare cinese. Qui la questione è semplice, nella sua disarmante enormità: l'obiettivo della People Liberation Army Navy è quello di raggiungere (e, se possibile, superare) il numero di portaerei schierate dalla Marina militare americana entro il 2050, raggiungendo così la capacità di operare in tutti i mari e gli oceani del mondo con potenza analoga a quella che è dalla fine della Seconda guerra mondiale l'unica, autentica forza navale in grado di agire ovunque.

La Russia e la Cina, è pertanto chiaro, sono certamente al centro di tutte le dinamiche in grado di alterare gli equilibri del mondo contemporaneo. È fuori da tutto ciò la nazione che si avvia a essere la più popolosa del mondo, cioè l'India? Nemmeno per sogno, anche se pochi ne parlano. Proprio per questo serve approfondire il tema degli investimenti militari di questo gigante, dormiente (si fa per dire) ancora per poco. E conviene partire dall'annunciato programma di spesa per Difesa e Sicurezza da cento miliardi di dollari, che sta facendo discutere tutti gli addetti ai lavori.

Tutto quanto sin qui descritto è nel pieno dell'attualità, anche se con diverso grado di presenza «da prima pagina». Che invece, specialmente nella primavera 2024, è stata dedicata in gran parte (se non tutta) per il Medio Oriente, con l'acuirsi delle ostilità tra Israele e Iran dopo lo spaventoso assalto palestinese del 7 ottobre e la dura reazione militare israeliana a Gaza. È quindi assai utile provare a descrivere la consistenza del dispositivo militare di Teheran, che da molto tempo usa le sue risorse contro i tentativi di stabilizzazione dell'area. Non a caso, Iran e Arabia Saudita si trovano da tempo su posizioni diverse e, sostanzialmente, inconciliabili.

***

La terza parte del libro è invece dedicata a un tema la cui rilevanza è, nel suo insieme, ormai ben evidente a tutti; ma lo stesso non si può dire di alcuni aspetti, che anzi sono assai di frequente sottovalutati o addirittura ignorati in Italia e così anche in Europa. Mi riferisco alla monumentale sfida tecnologica cui siamo chiamati dalla contemporaneità, che peraltro si articola su una quantità di soggetti distribuiti nel globo coma mai nella storia dell'uomo.

L'esame comincia con la partita costosissima e dalle più diverse implicazioni per accaparrarsi i metalli rari, argomento apparentemente per addetti ai lavori ma in realtà decisivo nella vita di tutti noi: basta avere minima contezza di cosa fa funzionare un moderno telefono (che ormai è piuttosto ridicolo continuare a chiamare così) per rendersene conto.

Di pari importanza è la Nuova Economia che si fonda sulle batterie elettriche, vero mattatore delle più importanti competizioni tra produttori del pianeta di tutto ciò che si muove (per ora via terra, ma presto anche in volo e via mare). E qui occorre partire da un punto tanto semplice quanto sconvolgente: nulla ha avuto nella storia economica europea e nordamericana ruolo paragonabile all'industria dell'automobile, ragion per cui lo spostamento del baricentro della produzione di veicoli (o di parti essenziali di essi, come il motore) sempre più a Est del mondo significa una cosa sola: spostamento di enormi porzioni di ricchezza e conoscenza, con tutto ciò che ne consegue.

Certo non si può parlare di sfida tecnologica senza fare riferimento all'Intelligenza Artificiale e alla realtà aumentata. Quindi, è necessario mettere a fuoco alcuni progressi che sono già operativi: le cose stanno molto più avanti di quel che comunemente si crede.

A conclusione del capitolo viene dato conto di quanto va accadendo intorno al protagonista assoluto di quanto andiamo descrivendo: sua maestà il microchip. E lo si fa partendo dal recente *Chips and Science Act* americano da 52 miliardi di dollari. E l'Europa? Sta provando a correre ai ripari, anche se molta strada resta da fare prima di giungere a una reale strategia comune. In ultimo, sul tema c'è una parola magica da pronunciare: Taiwan, l'isola dei microchip per eccellenza.

Per concludere questo libro, però, manca una rassegna di storie che attengono all'incrocio tra alcuni degli aspetti già citati e altri che hanno più a che fare con la leadership globale, meta forse irraggiungibile ma che nel frattempo vede impiegate risorse a nove zeri. Si gioca in positivo su progetti costosi e creativi, ma si gioca anche in negativo su attività distruttive che mirano a colpire l'avversario o il rivale.

C'è qui l'Arabia Saudita con il suo mastodontico progetto *Neom*, la città del futuro in costruzione a nord del Mar Rosso e a sud della Giordania. Con 500 miliardi di dollari d'investimenti è il progetto più ambizioso al mondo dal punto di vista urbanistico. E contiene un messaggio neanche tanto recondito: chi fonda la città del futuro si candida a leader del pianeta, perché la città è da sempre il centro del mondo.

C'è anche la Cina, ovviamente, soprattutto con *TikTok*. Già, perché intorno all'ormai celeberrimo social network si giocano partite economiche e politiche di primo livello. Non solo per dimensione - 1,6 miliardi di utenti globali nel 2023, di cui 1,1 miliardi attivi mensili (in Italia 19,7 milioni di profili attivi) - ma anche per ruolo. Certo, gli aspetti commerciali o di promozione la fanno da padrone. Me nessuno può immaginare oggi di fare una campagna elettorale ignorando *TikTok*; quindi, chi fa politica oggi consegna inevitabilmente un pezzo del proprio successo (o insuccesso) alle determinazioni dell'algoritmo del social fondato nel 2016 da Aleix Zhu e Luyu Yang (la loro creatura originale si chiama *musical.ly*, solo in seguito assume la denominazione attuale).

La leadership però si cerca anche in negativo, con operazioni sporche o anche sporchissime. È il caso dell'invasione di *Fentanyl* sul mercato americano. Forti sono le evidenze di una saldatura tra la produzione cinese dei materiali chimici di base per «costruire» il potente oppioide sintetico, e la capacità delle organizzazioni criminali messicane di agire sul confine sud degli Stati

Uniti. Il risultato: una strage di proporzioni spaventose.

La sfida non si gioca solo sul pianeta Terra. È ormai ben evidente che anche la corsa allo Spazio è di primaria importanza, per innumerevoli ragioni: scientifiche, militari ed economiche, innanzitutto. Ma quella che si gioca a centinaia di chilometri dalla Terra (e anche molto, ma proprio molto, più lontano) è la corsa a impossessarsi delle chiavi dello scrigno magico, quello che contiene molte delle soluzioni avveniristiche che daranno forma alla vita già nella seconda metà di questo secolo.

Rompere l'assedio significa fare i conti con tutto questo (e molto altro ancora). Uscirne vivi in primo luogo. E possibilmente farlo recuperando, meglio ancora salvando, società libere per persone libere. Qui non si tratta di esagerare o «fare i fenomeni». Si tratta di dire come stanno le cose, anche quando fa male. Non sarà una passeggiata, occorre prepararsi: c'è poco, forse pochissimo, tempo.

ROMPERE L'ASSEDIO

1.
Culle vuote e migranti come bombe

Monfalcone, Bangladesh (già Friuli)

«Mio fijo xe l'unico in classe ... el se senti isolado ... ma questa non xe discriminazione al contrario?». Anche in dialetto ha certamente il dono della sintesi uno dei tanti genitori di Monfalcone che, vista la quota di extracomunitari non di lingua italiana all'asilo o alle primarie (ex elementari), spiega così perché ha deciso di ritirare il proprio figlio dall'istituto cittadino per inserirlo in un contesto in cui si possa almeno parlare italiano.

Monfalcone si dimostra sempre più una sorta di laboratorio scolastico in cui si avventura il nostro Paese. A giudicare dai numeri diffusi dall'amministrazione guidata da sette anni dalla battagliera sindaca Anna Maria Cisint (Lega), c'è poco da riequilibrare. «A Monfalcone», riepiloga il primo cittadino, «su 560 bambini delle scuole dell'infanzia ben 349 sono stranieri, il 63%; nelle scuole primarie su 1.219 lo sono ben 805. Nelle singole scuole si arriva a casi come la primaria Randaccio, dove su 390 alunni 248 sono stranieri». (*Libero*, 31 marzo 2024).

Lasciamo perdere le questioni politiche, i numeri sono abbastanza resilienti. E consideriamo nel suo giusto valore il fatto che a Monfalcone gli immigrati arrivano per lavorare, in particolare nello stabilimento della più importante impresa nazionale della cantieristica (*Fincantieri*), un'eccellenza mondiale dell'Italia che merita non solo rispetto ma incoraggiamento e sostegno, perché si batte con successo sui mercati internazionali generando risultati economici dalle vaste ricadute positive.

Monfalcone ci serve qui per capire cos'è il mondo che abbiamo dietro la porta, perché derubricarlo a caso isolato e irripetibile significa non aver capito niente di quello che sta per succedere (o meglio, sta già accadendo da tempo). Nella città friulana gli immigrati sono il 30% della popolazione e dico di più, basandomi sull'esperienza personale del 2023: se giri per il centro quella percentuale diventa molto più alta, per il semplice fatto che i friulani d'origine sono mediamente assai più anziani, quindi tendenzialmente portati a restare a casa.

Spostiamoci adesso a Forni di Sotto, nel sud del Friuli-Venezia Giulia, in un piccolo Comune montano che all'anagrafe conta 536 abitanti. Famoso per le piste da sci e il *frico* (gustosissima espressione della cucina regionale, neanche troppo difficile da fare a casa), nel 2022 riesce a entrare nel Guinness dei primati per un motivo tutt'altro che positivo: le nascite registrate sono esattamente zero.

Se questi sono solo gli *incipit* di due storie profondamente italiane, è bene fare un bel respiro e immergerci nei dettagli di ciascuna per comprenderne l'importanza. Partiamo.

I Comuni a zero nascite nel nostro Paese, infatti, rappresentano eccezioni (nel 2019 erano 328) che ci tornano utili per approfondire uno dei più grandi problemi del nostro tempo: la crisi demografica.

Dati alla mano, l'ultimo rapporto Istat ci racconta di una popolazione in continua diminuzione, scesa per la prima volta sotto i 59 milioni. Nel 2023 ci sono state 379 mila nascite (dato peggiore di sempre), in calo di 14 mila unità dal 2022. Basti pensare che negli anni Sessanta erano superiori al milione, per capire la gravità di queste cifre.

Ma se ciò non è sufficiente, proseguiamo con una carrellata di numeri che proprio della denatalità e dell'invecchiamento della popolazione fanno l'elemento centrale. Il tasso di fertilità, strumento statistico che fa da misura della «vita» di un Paese e che rappresenta il numero medio di figli per donna in età fertile, è pari a 1,27 (mentre 2,1 è il valore necessario alla «sopravvivenza della specie»). A questo si aggiunge che le donne in età fertile dal 2009 al 2019 sono diminuite di 1,6 milioni e che l'età media alla nascita del primo figlio è di 31,6 anni (in costante crescita).

Anche guardando all'invecchiamento, la situazione non è migliore. L'età mediana - ovvero quel valore che divide a metà esatta la popolazione - è di 48,4 anni, con un aumento dal 2000 di oltre 8 punti. Secondo alcune stime, infatti, entro il 2050 i residenti in Italia over 65 saranno il 34,9% degli abitanti (ora sono il 23,5%). E nel 2041 la popolazione ultraottantenne aumenterà del 35,2% rispetto al 2021, con gli ultranovantenni che arriveranno a 1,4 milioni.

Ricambio generazionale della forza lavoro e sostenibilità del sistema pensionistico, così come il mantenimento di un sistema sanitario efficiente, sono solo possibili conseguenze di questi due catastrofici problemi. Le cause sono altrettante: cambiamento culturale e aumento del costo della vita (senza adeguamento necessario degli stipendi), solo per fare due rapidi esempi.

La criticità di questa situazione non è affatto esclusiva dell'Italia, ma riguarda praticamente tutta l'Europa, e più in generale la nostra parte di mondo. Guardiamo qualche altro numero: tra il 2012 e il 2022 Malta e Lussemburgo (due nazioni i cui numeri assoluti sono minuscoli, con 542 mila persone nell'isola e 660 mila nel Granducato, non a caso i due Paesi meno popolati dell'intera Unione Europea) sono i due Stati europei con la maggiore crescita della popolazione (rispettivamente +26 e +23%), seguiti dall'Irlanda (+11%) e dalla Svezia (+10%), mentre i cali peggiori li abbiamo in Bulgaria (-12%) e in Croazia (-10%). Guardando invece ai nostri vicini, Germania e Francia hanno avuto un aumento del 4%, mentre la Spagna del 2%.

Se i numeri della popolazione ci possono far tirare un sospiro di sollievo (erroneamente, perché quei dati sono solo frutto dei fenomeni migratori, e ci arriviamo presto), a darci una visione più chiara ci pensa il tasso di fecondità. Il più alto dell'Ue lo troviamo in Repubblica Ceca (1,83), seguita da Francia (1,79) e Romania (1,71). Tra le parti basse della classifica, invece, ci sono Malta (1,01), Spagna (1,24) e appunto Italia (1,27). Gli unici Stati europei cresciuti negli ultimi dieci anni sono: Slovacchia (+17%), Ungheria (+16), Romania (+13) e

Germania (+4); mentre i cali più significativi li troviamo in Svezia, Lituania, Irlanda, Malta e Finlandia. Situazione simile per l'età mediana dove, per fare qualche esempio, troviamo: il Portogallo con 47 anni, la Germania con 45,4, la Spagna con 45,3 e la Francia con 41,6 anni.

Il problema demografico riguarda dunque l'Europa nel suo complesso (ma anche gli Stati Uniti, per essere chiari). Nel 2022 nei 27 Paesi Ue ci sono stati 3,9 milioni di nascite (-500 mila in dieci anni), il tasso di fecondità complessivo è di 1,46, l'età mediana a 44,5 anni e tra il 2002 e il 2022 le persone over 65 anni sono aumentate in tutti e 27 gli Stati membri, passando dal 16 al 21%.

Parallelamente, però, c'è una parte di mondo (all'apparenza molto lontano dal nostro) che fa segnare cifre ben diverse. È il caso, ad esempio, di due Paesi diversissimi tra loro: India e Nigeria. Niente *spoiler*, di loro si parlerà in modo approfondito più avanti.

Senza occupare troppo spazio nell'aggiungere altri dati (ce ne sono in quantità industriale), è ben evidente che in questi termini la situazione non può reggere. Come altrettanto ben evidente è il fatto che la questione riguarda tutto il mondo, nella sua parte più avanzata economicamente. A tal punto che il primo ministro del Giappone, Fumio Kishida, si è espresso così: «È la crisi più grave che il nostro Paese si trova ad affrontare».

Nel 2024 la popolazione giapponese è in calo di 500 mila unità rispetto al 2021, dodicesimo anno consecutivo in cui le morti superano le nascite. Queste ultime sono state 800 mila nel 2022, il dato più basso da quando esistono statiche nazionali sul tema, cioè dal 1899.

Proprio riferito al Giappone, ha fatto molto discutere un *tweet* di Elon Musk, che però vale per tutto il mondo occidentale: «Se l'allarmante crollo del tasso di natalità continua, la civiltà morirà con un lamento in un pannolone per anziani». Musk non parla a caso: già oggi in Giappone il giro d'affari legato ai pannoloni per anziani supera di gran lunga quello dei prodotti simili per bambini.

***

A tutto questo si può porre rimedio? La risposta è tutt'altro che semplice, considerando che i dati ci dicono chiaramente come in tutto il mondo la diffusione della ricchezza faccia calare le nascite, tanto è vero che anche la Cina inizia già a conoscere un certo calo demografico (sì è proprio così, anche se in Europa ancora non se ne parla molto), con numeri che fanno una certa impressione: 2,08 milioni di cinesi in meno nel 2023 sull'anno precedente, con un calo dello 0,15% della popolazione complessiva. Nonostante l'abbandono - avvenuto nel 2015 - della sciagurata politica del figlio unico, e pur in presenza di imponenti attenzioni da parte del governo, continua infatti a calare il numero delle nuove nascite, che nel 2023 è arrivato al suo minimo storico da quando i dati vengono raccolti, cioè 6,39 nascite ogni mille abitanti, inferiore al dato italiano, che è di 6,7.

Attenzione, però: oltre alle proporzioni contano anche i numeri assoluti, perché altrimenti tutto appare in una prospettiva deformata. I nuovi nati nel 2023 in Cina sono stati oltre 9 milioni, mentre sono stati 3,9 in tutta l'Unione Europea. L'ho già ricordato, ma vale la pena ripeterlo, perché i due numeri messi vicini fanno più effetto: non c'è molto bisogno di commentare.

Ebbene, cosa si può fare per modificare questa situazione? E ancora: è ragionevole pensare all'esistenza di strumenti per intervenire o la partita è persa prima di cominciare?

La prima categoria di strumenti sta in tutte quelle politiche attive di supporto alla famiglia che uno Stato può adottare. È il caso dell'Ungheria, ad esempio, che tra il 2010 e il 2021 ha visto aumentare il tasso di fertilità del 27%. Questione politica centrale nell'operato del primo ministro Orban, in questi anni si sono susseguite numerose misure di incentivazione alle nascite: ripristino della durata a tre anni del congedo parentale universale, sgravi fiscali per le famiglie e contributi economici sono solo alcuni esempi. Quanti sanno in Italia che, dal quarto figlio in poi, una donna ungherese è esentata a vita dal pagare le tasse? A vita, non ho scritto male. Anzi lo ripeto: *a vita*. Sì, è proprio così.

A dimostrazione però che non va data una lettura strettamente politica della questione, c'è lo sforzo francese sulla materia. In particolare, concentrato su due ambiti principali d'intervento: il quoziente familiare come elemento essenziale per la determinazione dei carichi fiscali e l'investimento sul tempo pieno a scuola, che aiuta i genitori che lavorano in modo sostanziale. La Francia, da Sarkozy a Hollande a Macron, continua a investire, dimostrando che qualcosa si può fare. Infatti, i dati francesi sono i migliori tra quelli dei grandi Paesi d'Europa.

Certo, lungi da me semplificare la questione non dando il giusto peso tanto alla motivazione culturale quanto alla situazione economica generale italiana (ma anche di gran parte d'Europa), che rende la famiglia elemento complesso da gestire da molti punti di vista. Tuttavia, rimane lampante come un pacchetto di aiuti (o di stimoli, si scelga la definizione preferita) in tal senso è strumento inevitabile, persino doveroso per ogni governo, indipendentemente dall'appartenenza politica di chi è al potere.

Siccome però, com'è ormai chiaro, il problema è continentale, va da sé che a soluzioni comuni, anzi comunitarie, non possiamo sottrarci. Ed ecco quindi che si rendono urgenti investimenti nell'ordine di miliardi di euro (ma molti, a decine) per l'istituzione di fondi europei dedicati al problema demografico sempre più imponenti. Fondi che servono a mitigare gli effetti di una crisi demografica che è impossibile fermare ma che è possibile rallentare, diluire (nel tempo), controllare.

★★★

A ciò si aggiunge la seconda grande soluzione, da molti portata come l'unica seriamente disponibile: l'immigrazione.

Se da un lato è vero - e lo è - che, grazie ai fenomeni migratori, la popolazione europea nel suo complesso non è in diminuzione (e vale lo stesso per molti Paesi come la Francia, come dimostrano i dati sulla popolazione analizzati), è altrettanto vero che i numeri del nostro Paese ci raccontano di come il problema culturale «rapisca» anche i non italiani: nel 2022 il tasso di fecondità degli stranieri in Italia era pari a 1,87 (e in diminuzione), molto lontano dai valori che troviamo dall'altra parte del mondo.

Oltre a ciò, l'immigrazione ci mette davanti a uno scenario tutt'altro che semplice. Ed ecco dunque che - e mi collego alla prima storia illustrata, cioè quella di Monfalcone - il nostro compito è quello di provare a ragionare in modo più approfondito sul tema capendone la complessità e senza fare l'errore di inciampare in semplificazioni di «liberi tutti» o «sostituzione etnica».

Partiamo, come sempre, da alcuni dati.

Il ministero dell'Interno italiano ce ne offre di inequivocabili: dal 1 gennaio 2024 al 5 aprile 2024 se ne sono contati poco meno di 13 mila, con un confronto nel medesimo periodo del 2023 uguale a 28 mila e a poco meno di 7 mila nel 2022. Se proviamo a tracciare un totale, vediamo che nel 2021 gli sbarchi sono stati 318 mila, nel 2022 105 mila e nel 2023 157 mila. La provenienza? Bangladesh, Siria e Tunisia sul podio più recente. Al contempo, gli stranieri censiti sono poco più di 5 milioni (+2,2% rispetto al 2021) con un'incidenza sulla popolazione dell'8,7%. Se andiamo nel dettaglio dei Paesi, troviamo al primo posto la Romania seguita da Albania e Marocco.

Se proviamo poi a uscire dai nostri confini e puntare lo sguardo un po' più in là, vediamo che la situazione non è tanto diversa. In Francia ci sono 7 milioni di residenti stranieri (10,3% della popolazione totale) di cui quasi un milione proveniente dalla sola Algeria, mentre gli arrivi annuali nel 2023 sono stati 320 mila. Numeri più grandi, tuttavia, li troviamo in Germania, dove oggi risiedono circa 19 milioni di stranieri (il 23% degli abitanti), con un numero di arrivi nella sola metà del 2023 pari a 519 mila unità. Guardando infine ai nostri cugini spagnoli, troviamo una richiesta di asilo nel 2023 di 57 mila persone (in aumento dell'82,1% rispetto al 2022) e una popolazione straniera di circa 5,5 milioni (11,68% del totale).

Tali numeri ci dicono chiaramente una cosa: l'immigrazione in Europa c'è, e corre. Ed è un'immigrazione che al suo interno racchiude storie tutte diverse tra loro: è legale quanto illegale, arriva da sud e da est, può essere fatta di «competenze» ma anche di bassa specializzazione o riguardare persone disperate in fuga da luoghi di guerra o spinte da organizzazioni criminali, senza le quali molti viaggi non sarebbero possibili (e, infatti, sono a pagamento).

Ma, e le storie che mi accingo a raccontare lo dimostreranno inequivocabilmente, i fenomeni migratori possono essere anche efficace strumento di destabilizzazione, in quella guerra ibrida che sempre più sta ricavandosi spazio nel dibattito pubblico.

★★★

A tutte queste accezioni (e ce ne possono essere infinite altre) se ne somma una di non poco conto: la religione. Perché il nostro tempo ci impone una riflessione seria su cosa la nostra parte del mondo voglia essere, ora e in futuro. E se le democrazie hanno l'assoluto pregio di provare a garantire massima libertà e diritti (di tutti i tipi), se ci si sposta un po' più in là sul mappamondo si scoprirà che la cosa non è ricambiata in molti luoghi, soprattutto quelli più popolosi e «religiosi». Ecco dunque che dibattere sulla rimozione dei crocifissi nelle scuole italiane o sulla chiusura di un istituto per la fine del Ramadan senza voltarsi a guardare (e comprendere) ciò che accade da quelle parti, è operazione rischiosa.

Fatta premessa la difficoltà nel guardare a numeri «ufficiali» (per quella stessa democrazia che ci impedisce di censire il credo), vari sondaggi negli anni ci possono aiutare a capire cosa sta succedendo in Europa.

Secondo alcune stime (2016), la popolazione francese è composta da un 10% di persone di religione islamica. In Germania sono il 6,7% e in Italia il 4,7%. Guardando ad alcuni dati complessivi, vediamo come in Europa il totale dei musulmani migranti sia passato dai circa 13 milioni del 1990 ai 21 milioni del 2017 (con una stima al 2050 pari a 39 milioni). A ciò bisogna poi aggiungere che la popolazione europea si sta sempre più laicizzando, tanto nel credo quanto nei rapporti istituzionali. Nel 2010, per dire, un sondaggio ci raccontava come solamente il 50% dei cittadini europei credesse specificatamente all'esistenza di un Dio.

Senza attribuire all'islamismo in sé una matrice positiva o negativa, e ricordando di nuovo come gli spostamenti non sempre riguardano situazioni umanitarie, siamo posti sempre di più davanti alla necessità di trovare una quadra all'integrazione: esistono realtà, infatti, nelle quali questa parola è lontana anni luce dal raggiungimento. È il caso di Molenbeek-Saint Jean, per esempio, Comune belga dove vivono 100 mila persone principalmente turche e marocchine di seconda e terza generazione, con legami antichi di matrice estremista. Negli anni Novanta da quelle parti è nato il Centro Islamico Belga per opera di Bassam Ayachi, personaggio attivo nel reclutamento di combattenti jihadisti per Al Qaeda.

Esistono veri e propri ghetti che si trasformano in sacche sociali, che spesso coincidono con le zone periferiche delle grandi città. Come il caso di Torpignattara a Roma, con una densità demografica di credenti musulmani non lontana da quella del borgo belga (ci sono circa 47 mila abitanti e 20 sale di preghiera).

Certo, anche i musulmani in Europa stanno diventando un'altra cosa rispetto a molti loro connazionali nei Paesi d'origine. Ma sarebbe ipocrita non vedere un fenomeno chiarissimo anche solo girando per le strade o ascoltando qualche testo di musica *trap*.

Ecco l'interessante racconto di Ludovica Schiavone: «Tempo fa mi è capitato di ascoltare la canzone trap *Body Rmx* in cui Rondodasosa, uno degli autori, dice: "She's from Italia, tu vuoi il beef; io non mangio maiale perché è haram, haram". Il cantante, di origine italiana, si è convertito all'Islam e, in questi versi, richiama il precetto musulmano per cui è vietato (*haram*) mangiare la carne di maiale. Il fatto che in una canzone (oggetto pop per eccellenza) venga citata una regola religiosa mi ha colpito: non ricordo, infatti, riferimenti religiosi così strettamente dottrinali in altre canzoni. Ho scoperto, poi, che non è un unicum; *haram* è anche il titolo di una canzone di Baby Gang. Quest'ultimo, in particolare, è un autore interessante: classe 2001, di origine marocchina, è noto sia per le sue canzoni che per i problemi con la giustizia. Baby Gang è amatissimo dai ragazzi, i "numeri" dei suoi ascolti sono prodigiosi. Sociologicamente fa parte delle cosiddette "seconde generazioni": ragazzi e ragazze nati in Italia da famiglie straniere che, molto spesso (il 79% di loro), non hanno la cittadinanza italiana nonostante siano nati nel nostro Paese e frequentino la scuola italiana. Il fatto che la canzone più famosa di Baby Gang si chiami "Marocchino" è significativo. In Italia i ragazzi di seconda generazione sono più di un milione e la *trap* è spesso il canale comunicativo e artistico prediletto per loro per esprimersi». (*Ecoraffiche.com*, 14 marzo 2024).

***

Non credo all'idea della multiculturalità separata dal tema identitario. Non è vero che le nuove generazioni cercano un futuro immerso in una globalizzazione senza radici, perché questa è, semmai, la scelta di una ristretta élite cosmopolita. Il secolo che viviamo è certo il più globalizzato di sempre da moltissimi punti di vista, e questo contiene enormi vantaggi per l'umanità. Ma proprio per tale ragione oggi c'è un diffuso ritorno - anche politico, anzi forse innanzitutto politico - ai temi identitari. Se l'Europa fa finta di non capire, se ne pentirà amaramente. Ora giriamo un po' il mondo, è decisamente utile. Con una fermata in Calabria, però.

2.
Il dottore dei Caraibi

«La scelta di portare in Calabria i medici cubani è stata dettata un po' anche dalla disperazione». Con apprezzabile onestà intellettuale Roberto Occhiuto, presidente della Regione, apre così il suo intervento da Bruno Vespa a *Porta a Porta*.

La complessa situazione della Sanità calabrese è sotto gli occhi di tutti, tant'è vero che il commissariamento iniziato dieci anni fa è ancora in corso. Certo, i problemi non ci sono solo in quella regione, ma è interessante analizzare cosa sia successo.

Siamo nel dicembre 2022 quando i primi 52 medici provenienti da Cuba arrivano sul territorio calabrese. Medici che entrano in corsia solo con l'inizio dell'anno nuovo (gennaio 2023), seguiti a ruota da altri arrivi (per un totale di 270 a oggi): 120 il 4 agosto 2023, altri 98 a febbraio 2024.

È il via di un'operazione frutto di un accordo tra la Regione e una società partecipata dal governo cubano (*Comercializadora de servicios médicos cubanos)* che prevede l'arrivo di un totale di circa 500 medici che rimarranno fino al 2025 «per dare una boccata d'ossigeno» al Sistema sanitario regionale.

Cosenza, Vibo Valentia, Crotone, Reggio Calabria, Catanzaro: i «soccorritori» cubani vengono indirizzati un po' per tutto il territorio. Il 16 gennaio 2024, però, la storia finisce sotto la lente della testata britannica *The Guardian* (a confermare, semmai dovesse essercene bisogno, la bontà del progetto), dove viene raccontata la storia della piccola città di Polistena. L'elemento originale? Si tratta di un paesino con meno di 10 mila abitanti il cui ospedale, uno degli ultimi sopravvissuti nella zona, serve 200 mila persone all'anno provenienti dalle città delle zone adiacenti.

Una vicenda dalle caratteristiche fortemente territoriali, capace tuttavia, se analizzata attentamente, di raccontarci qualcosa in più sul nostro Paese. Perché, al netto di quello che noiosi stereotipi potrebbero farci credere, la situazione del Sistema sanitario in regioni complessivamente più efficienti come Lombardia o Emilia-Romagna è tutt'altro che positiva, e a metterlo nero su bianco sono i più recenti dati pubblicati quest'anno dal *Rapporto sul Coordinamento della Finanza Pubblica 2023* della Corte dei Conti.

A livello nazionale, i conti della Sanità sono passati da un deficit di 800 milioni nel 2020 a uno di 1,469 miliardi nel 2022. Un rosso in netto e progressivo peggioramento che riguarda ben 15 regioni: la situazione si aggrava significativamente in Piemonte (-21 milioni), Liguria (-65,1) ed Emilia Romagna (-99,9), per un totale di 186 milioni complessivi. Al centro, si evidenzia il drammatico dato del Lazio, dove da un bilancio a pareggio (sic!) si è passati ora a una perdita di 216,6 milioni di euro.

Se sono sufficienti questi numeri a farci capire la complessa situazione nella quale versa il Ssn italiano, bisogna però aggiungere qualche elemento in più per comprendere in che modo ciò sia profondamente connesso al senso di questo capitolo.

Il 24 gennaio 2024 il C.R.E.A. Sanità, centro di ricerca riconosciuto da Eurostat, Istat e ministero della Salute, pubblica il suo 19esimo Rapporto, che non si limita ad analizzare la spesa nel Ssn (e anche del sistema privato), ma affronta il vero elemento di nostro interesse in questa analisi: la situazione del personale nel settore sociosanitario.

Tra il 2003 e il 2021 nel Ssn il rapporto di medici per mille abitanti over 75 è passato da 42,3 a 34,6 mentre il numero di infermieri da 61,0 a 52,3. L'allarme è chiaro, e in termini numerici ci racconta di un gap composto da ben 54.018 medici e 60.950 infermieri. Per questo ha senso contare i medici in rapporto alla componente più anziana della popolazione: è quella che ne ha più bisogno degli altri.

Lungi da queste righe la volontà di semplificare, va però sottolineato come la carenza di personale ospedaliero - che sempre più sta conquistando le prime pagine del dibattito pubblico - ha diverse cause, ciascuna delle quali meriterebbe un libro a sé. Tuttavia, un'efficace schematizzazione può essere fatta guardando alle classi generazionali.

Anzitutto, ci sono i giovani che da un lato fanno fatica ad accedere ai corsi di laurea in Medicina per test antichi e superati, mentre dall'altro (se entrano) alla fine del percorso si trovano imbottigliati in un sistema numerico e di divisione delle borse di studio specialistiche che non ne permette l'ingresso «in corsia».

Poi ci sono i professionisti già in servizio che da un lato «scappano» dal sistema pubblico - su di loro pesa lo stress legato alla percezione (e, probabilmente, alla realtà) di lavorare in situazioni di carenza di organico a fronte di una retribuzione considerata non all'altezza - per andare nel sistema privato o all'estero (Arabia Saudita in primis, dove vengono offerti stipendi almeno quattro volte superiori). Dall'altro, i medici «escono» dal sistema causa pensionamento. Ed ecco il problema demografico: troppi medici escono, troppo pochi ne entrano. E la situazione può solo peggiorare in futuro.

***

Ecco allora che, fatte queste premesse, ci sono altri due punti da sottolineare.

Il primo è che, se è vero (ed è vero) che il problema demografico è una delle principali cause della mancanza di persone e competenze in tutti (o quasi) i settori, è altrettanto vero che, siccome uno non vale uno, la carenza di medici pesa più della carenza dei bagnini (con tutto il rispetto per quest'ultimi).

Il secondo punto riguarda le soluzioni. Certo, alla mancanza di competenze si deve rispondere con operazioni complesse e che riguardano ambiti diversi e interconnessi tra loro. Ma, in questo ventaglio di alternative, ecco che una soluzione sia pur temporanea come quella messa in campo dalla Regione Calabria, diventa assai probabilmente l'unica disponibile.

Anche perché la difficoltà di funzionamento del Ssn porta con sé la necessità di accesso al sistema privato, con evidente danno per le fasce più svantaggiate della popolazione. Come evidenzia il report del C.R.E.A., questo fenomeno è già in atto: la spesa privata nel 2022, infatti, ha raggiunto i 40,1 miliardi di euro, con un aumento nell'ultimo anno di circa il 5%.

Ecco, dunque, la seconda faccia della medaglia: facciamo fatica a ricoprire posizioni essenziali per il funzionamento di una società che ha, ormai, nei suoi servizi di welfare un elemento «pilastro» dell'intero sistema e che - la pandemia insegna - finisce per fare dell'ospedale l'ultimo baluardo di salute pubblica che rischia di diventare anche il primo. E quindi, in definitiva, l'unico.

3.
Migranti come armi, lassù al nord

Marzo 2019. Mancano tre anni all'invasione russa dell'Ucraina e in una piccola cittadina finlandese di poco più di 25 mila abitanti nasce un progetto che da quelle parti si attendeva da tempo. La città è Imatra, 7 chilometri dal confine con la Russia e 200 da San Pietroburgo.

La peculiarità di questo freddo paesino di confine è che quei 25 mila abitanti diventano molti di più nel corso di tutto l'anno. Imatra è infatti una delle principali mete turistiche per gli oltre 5 milioni di cittadini residenti nell'ex capitale russa all'epoca degli Zar. Ed è questo il motivo che spinge le amministrazioni di entrambi i territori, in quel marzo 2019, a intraprendere un nuovo progetto di connessione tra le due città: 200 km di nuove rotaie capaci di portare oltre 1 milione di passeggeri all'anno.

Cos'è rimasto a cinque anni di distanza dalla nascita di quel progetto? La risposta purtroppo è scontata: poco o nulla. Il cantiere è fermo per le vicende del 24 febbraio 2022, in eredità rimane solo qualche traliccio.

La rilevanza di questa storia va ben oltre l'assurda invasione dell'Ucraina e arriva in modo dirompente fino ai giorni nostri. Perché quel confine tra Finlandia e Russia, di cui Imatra rappresenta un piccolo pezzettino, è lungo 1.340 km. Ed è un confine che già prima del 4 aprile 2023, giorno in cui il Paese scandinavo è entrato ufficialmente a far parte della Nato, era luogo di tensioni per nulla irrilevanti. Già, perché solamente qualche mese dopo l'inizio della guerra, esattamente il 15 dicembre 2023, la Finlandia ha chiuso i propri confini alla Russia, accusando Mosca di aver spinto migliaia di migranti ad attraversare il confine.

I dati, certamente parziali per difetto, dicono quanto segue. Da settembre 2023 circa 1.300 persone, la maggior parte provenienti da Medio Oriente e Africa, cercano di entrare nel territorio finlandese illegalmente (500 solo nel mese di novembre). Se confrontiamo questi numeri con la media mensile a condizioni normali, vediamo l'impressionante impennata dei passaggi (anche solo tentati): la normalità è di trenta persone al mese.

C'è qualcuno disposto a credere che, attraversando migliaia di chilometri di territorio russo, si arriva al confine con la Finlandia senza farsi vedere da nessuno? C'è qualcuno capace di pensare che intelligence, forze di polizia e militari, che in giro per la Russia intervengono nel giro di pochi minuti arrestando chi gira con un cartello di protesta in mano, siano così privi di controllo del territorio da perdere le tracce di persone totalmente estranee ai luoghi, dalle caratteristiche somatiche non certamente simili alle popolazioni di quelle terre e anche verosimilmente spaesate, se non impaurite?

Bastano le nazioni dei migranti registrate dalla autorità finlandesi (Kenya, Marocco, Pakistan, Somalia, Siria, Eritrea) per comprendere che, senza complicità fortissime da parte russa, quel flusso sarebbe semplicemente impossibile. O qualcuno ancora pensa il contrario? Io non credo, almeno non tra persone che vogliono vedere le cose come stanno, senza raccontare (e raccontarsi) favolette poco credibili.

Stiamo quindi parlando di una chiara strategia di destabilizzazione. Una pratica, così come definita dallo stesso governo finlandese, che non è affatto cosa nuova. Ed è talmente radicato questo convincimento nelle autorità finlandesi che il 4 aprile 2024 il ministero dell'Interno di Helsinki comunica non soltanto la proroga del provvedimento di fine 2023 (aveva scadenza 14 aprile 2024), ma lo estende a tre porti usati da imbarcazioni a scopo ricreativo, pensando naturalmente all'estate in arrivo. E lo fa mettendo nero su bianco che vi sarebbero «centinaia o forse migliaia di persone vicine al confine che potrebbero essere strumentalizzate ai danni della Finlandia». Pur nella forma elegante delle comunicazioni ufficiali a carattere diplomatico, l'accusa è chiara e indirizzata a un solo destinatario: il Cremlino.

Peraltro, la questione entra nel più ampio dibattito europeo, tanto è vero che nel marzo 2023 il ministro della Difesa italiano, Guido Crosetto, si esprime così: «Mi sembra che ormai si possa affermare che l'aumento esponenziale del fenomeno migratorio che parte dalle coste africane sia anche, in misura non indifferente, parte di una strategia chiara di guerra ibrida che la divisione Wagner, mercenari al soldo della Russia, sta attuando, utilizzando il suo peso rilevante in alcuni Paesi africani. [...] Dovrebbero inoltre prendere atto che l'immigrazione incontrollata e continua, sommata alla crisi economica e sociale, diventa un modo per colpire i Paesi più esposti, in primis l'Italia, e le loro scelte geostrategiche, chiare e nette».

Già la Wagner. C'era una volta la Wagner, verrebbe da dire. La milizia di quel tale Evgenij Prigozhin che precipita con il suo aereo ad agosto 2023, dopo aver osato criticare Putin e anche inscenare una sorta di marcia militare verso Mosca in nome della lotta alla corruzione nelle Forze armate. Sembra passato un secolo, invece è passato solo Prigozhin, inghiottito dalla sua brama di potere, oligarca minore di un sistema che non consente a nessuno di stare in un posto diverso da quello assegnato, pena la vita.

Scomparsa la Wagner, però, non scompare la Russia, che anzi per molti versi oggi è più forte di un anno fa. Eccoci quindi alla guerra ibrida nella quale, al pari degli hackeraggi su larga scala ai sistemi infrastrutturali occidentali o al boicottaggio dei satelliti lassù nello Spazio, la migrazione diventa strumento di offesa allo stato puro.

Esattamente come al confine tra Polonia (Ue) e Bielorussia, alleato di ferro di Mosca. La crisi lì arriva al suo culmine nell'estate del 2022 (ma già nell'anno precedente ci sono forti movimenti sospetti), secondo una modalità che è riassumibile come segue, con scarse possibilità di sbagliare.

I migranti arrivano in volo a Minsk, partendo dall'Afghanistan, dalla Siria, dalla zona curda dell'Iraq. Vengono controllati e gestiti dai servizi di sicurezza bielorussi e condotti sino al confine con la Polonia, dove addirittura - sostengono le forze di sicurezza di frontiera polacche - personale addestrato opera per aprire varchi nelle recinzioni appositamente costruite. Insomma, una reazione di dura opposizione alle sanzioni Ue contro il regime di Alexander Lukashenko, giocata usando i migranti quale strumento di pressione e offesa verso il Paese confinante. Un'offensiva che impone al governo polacco di reagire con una barriera di acciaio di 186 chilometri (costo: 350 milioni di euro), alta cinque metri e con un'ulteriore struttura di controllo con 5 mila telecamere e rilevatori termici lungo l'intero confine.

«Gli attacchi al confine polacco portati avanti dalla Bielorussia avevano lo scopo di destabilizzare la situazione in Polonia e mettere a repentaglio la sicurezza dei polacchi. Grazie alla maggiore presenza dell'esercito polacco al confine, il piano tra Russia e Bielorussia è fallito», afferma a settembre 2023 il ministero della Difesa polacco. La situazione non si è risolta, e a fine 2023 la Polonia dispone un ulteriore rafforzamento del dispositivo di controllo, che vede impiegate oltre 10 mila unità tra militari e forze dell'ordine con un dispiegamento di mezzi secondo probabilmente solo a quello americano sul confine con il Messico (ne parleremo a breve).

Anche a Bruxelles la situazione è nota, con Ursula von der Leyen che accusa il governo bielorusso di fare false promesse con la complicità di agenzie di viaggio che offrono pacchetti *all inclusive*, garantendo ai migranti di poter entrare legalmente in territorio europeo, salvo poi obbligarli a un tentativo spesso pericoloso e raramente di successo.

★★★

Ecco dunque che, se nella storia precedente osserviamo una migrazione basata sulla competenza - soluzione potenzialmente utile a trovare risposte concrete a un problema così complesso come quello demografico - si fa presto a capire che gli stessi fenomeni di spostamento possono riguardare scelte tutt'altro che umanitarie. Se a questo aggiungiamo poi che nella sua versione di guerra ibrida la migrazione riguarda nella sua totalità persone disperate che scappano da situazioni di guerra e fame, e disposte a tutto pur di migliorare la propria condizione di vita (dunque, abbastanza diverse da quelle dei «cervelli» cubani), ecco che ci sono almeno tre motivi per cui tutto questo diventa un problema.

Il primo è la crescita significativa dei costi per lo Stato che li riceve, tanto sul breve termine (costi di controllo, assistenza, accoglienza, salvataggio) quanto sul lungo termine (spese per sussidi sociali a danno delle casse dello Stato). E qui si comprende bene come l'Italia sia oggi tra le nazioni del mondo più soggette a questo tipo di effetto.

In secondo luogo, proprio per la premessa fatta poche righe fa, questa tipologia di migrazione crea delle sacche sociali, con una naturale difficoltà d'integrazione e la conseguente perdita di tutto ciò che di positivo può portare il multiculturalismo.

Infine, terzo motivo, le difficoltà con le quali queste persone si trovano a vivere nel Paese ospite possono facilmente generare un aumento dei fenomeni di criminalità a scapito della sicurezza di un territorio.

Vietato pensare che i fenomeni migratori siano tutti spontanei. Sono un'arma da guerra, perfetta per aggredire i sistemi democratici. O qualcuno pensa che vi siano migranti disposti a fare la rotta inversa, andando dalla Polonia alla Bielorussia o dalla Finlandia alla Russia?

4.
C'era una volta il Mahatma

22 gennaio 2024.

A circa 700 km da New Delhi, nello Stato dell'Uttar Pradesh (letteralmente «provincia del nord», è il quinto Stato per estensione dell'India ma il primo per numero di abitanti, 250 milioni, che ne fa l'amministrazione locale più popolosa al mondo), c'è un colore a primeggiare su tutti quel giorno: l'arancione.

Tinta pastello considerata simbolo di coraggio e sacrificio, lo stesso arancione presente sulla bandiera indiana viene ripreso negli abiti delle decine migliaia di persone presenti all'inaugurazione del nuovo tempio di Ayodhya, costato 240 milioni di dollari e interamente pagato dal governo federale.

Ayodhya è una delle sette città sacre dell'India, tanto per gli induisti che per i buddisti (si tramanda la predicazione sul posto del Buddha per ben sette anni) ed è l'antica capitale del regno di Kosala e poi di quello di Rama, l'eroe del *Rāmāyana*, uno dei più importanti poemi epici della tradizione indiana (dalla *Treccani*: «Rama è il guerriero forte e pio, nel quale la forza del braccio e l'ardimento in battaglia non vanno disgiunti da una profonda religiosità e dalla perfetta osservanza della legge morale. È ritenuto la settima incarnazione del dio Visnu»).

E proprio a Rama è dedicato il nuovo tempio, *Ram Mandir*, volutamente imponente (50 metri di altezza) ma soprattutto decisamente simbolico di una stagione identitaria e nazionalista che è solo all'inizio, ma che ha tutte le caratteristiche per diventare lunga e gravida di conseguenze: ora capiremo perché.

A «tagliare il nastro» c'è il primo ministro Narendra Modi, che accoglie i fedeli esclamando: «Finalmente il Dio Ram è tornato a casa». L'evento ha toni e liturgie di carattere spirituale, ma è a tutti gli effetti un gigantesco evento politico, anzi è l'apertura ufficiale della campagna elettorale 2024, che porta ai seggi nell'arco di sei settimane 900 milioni di persone.

Per comprendere fino in fondo l'importanza di questo avvenimento, è bene tornare indietro di qualche anno e procedere in ordine cronologico. Già, perché questo tempio non nasce a caso: non solo nel tempo (elettorale, innanzitutto) ma nemmeno nello spazio, perché quello è un luogo denso di significato, per alcuni assai tragico.

Siamo al 6 dicembre 1992 e il clima religioso tra induisti e musulmani ribolle per ragioni varie che si sono acuite nel tempo, figlie di una crescente ondata identitaria che è ancora poco visibile ma che da lì a pochi anni investirà il mondo intero. Quel giorno una folla inferocita (non è un'espressione di rito, bensì la cruda realtà) assalta e distrugge *Babri Masjid*, cioè la moschea di Ayodhya, sorta nel XVI secolo al tempo dell'impero

Moghul (1528-1857, che arrivò a rappresentare quasi un quarto del Pil mondiale nel suo momento di massimo splendore, vale a dire il XVII secolo).

L'assalto è legato alla diffusa convinzione popolare secondo la quale la moschea «usurpa» il sito di *Ram Janmabhoomi*, leggendario luogo di nascita proprio di Rama. Viene promosso dal Bharatya Janata Party (Bjp), movimento politico allora all'opposizione ma oggi al governo, il cui leader attuale è proprio il premier Modi.

La moschea viene letteralmente rasa al suolo e nelle manifestazioni di protesta in giro per l'India muoiono oltre 2 mila persone: gli scontri fra induisti e musulmani si fanno drammatici, in qualche modo ponendo fine all'India disegnata dal Pandit Jawaharlal Nehru, erede spirituale di Ghandi.

Dal 1992 si apre una lunga controversia, che finisce anche con una sentenza della Corte Suprema che assolve i leader del Bjp, mentre le autorità consentono la costruzione di una nuova moschea non lontana dall'originale. Si tratta di uno degli episodi più rilevanti (e violenti) nella storica disputa tra induisti e islamici in India. Dal 1992 lì restano solo delle rovine, accompagnate dall'alternarsi di sentenze varie fino a quella appena citata, che nel 2019 approva la costruzione di un tempio induista. E così iniziano i lavori, sapientemente giunti a compimento nell'anno in cui Modi ottiene un nuovo mandato da capo del governo.

Il 22 gennaio 2024 il tempio viene inaugurato e, per essere degno della cerimonia, il premier Modi si nutre di sole noci di cocco per una settimana, dormendo su una stuoia a terra. Nel corso dell'evento, con le reti televisive indiane che organizzano dirette che durano ore e ore (ne esiste una versione su *Youtube* da 7 ore, 41 minuti e 40 secondi, che ha avuto oltre 1,7 milioni di visualizzazioni), il premier indossa il tradizionale *kurti* al ginocchio, comportandosi come una via di mezzo tra capo politico e leader spirituale. Anzi, se vogliamo dirla tutta, le movenze sono decisamente più di questo secondo tipo, così come l'intero impianto narrativo non tanto dell'evento in quanto tale, ma della partecipazione del medesimo Modi.

Potrei azzardare un'analisi che mi sento di condividere qui: il Modi del 22 gennaio 2024 è il garante politico di una nuova spiritualità indù finalmente orgogliosa di essere tale, pronto a rivendicare la sua forza (e non la sua resilienza) innanzitutto con le due grandi religioni monoteiste che, in momenti diversi, hanno occupato l'India.

Siccome però i cristiani in India sono molto meno numerosi (27 milioni) dei musulmani (180 milioni), la tensione è soprattutto verso questi ultimi, che rappresentano la maggioranza della popolazione nei territori federati di Jammu e Kashmir, Ladakh e Isole Laccadive e sono presenti con forti minoranze anche in altre zone (25-30% di musulmani sciiti).

Non mancano forti tensioni anche verso i cristiani, più soggetti ad attacchi e discriminazioni rispetto al passato, al punto che il 19 febbraio 2024 oltre cento tra chiese e comunità cristiane si sono riunite a Delhi per denunciare il nuovo peggioramento del clima di ostilità e odio. In particolare, è fortissima la tensione nello Stato centrale di Chhattisgarh, dove estremisti indù *Advasi* attaccano spesso cristiani della stessa comunità pretendendone la conversione.

La cerimonia è spettacolare (consiglio di andare a guardare le immagini): fiori di loto, olio, zafferano e, appunto, l'arancione, colore identitario e dominante.

Che questa storia sia di fondamentale importanza è chiaro a tutti, ma sul perché è giusto fare alcune precisazioni. Nello specifico tre. La prima riguarda un dato, oggettivo, che ci dovrebbe far svegliare ogni mattina desiderosi di leggere o ascoltare la rassegna stampa dell'India, insieme a quella del nostro Paese o della nostra parte di mondo: l'India è la nazione più popolosa del pianeta. La demografia indiana è qualcosa di strepitoso, che andrebbe saputa a memoria come le tabelline. A oggi conta 1,44 miliardi di persone con un aumento di 13 milioni in un solo anno (2023). Per dare dei riferimenti: nel 2012 gli abitanti erano 1,27 miliardi, mentre si stima che nel 2050 ce ne saranno 1,67. In questi ultimi anni, l'India è riuscita addirittura a superare la Cina (con una popolazione pari a 1,42 miliardi e in calo per il secondo anno consecutivo).

L'età mediana del Paese è di 28,4 anni, enormemente inferiore a quella italiana (48,4) e 10 punti meno di quella dello stesso Dragone (39,5). Il tasso di fertilità è in leggerissimo calo ma ancora alto (2,1), mentre la Cina viaggia ormai a ritmi occidentali (1,21). Ma qual è la distribuzione religiosa di questi 1,44 miliardi? Ed è qui che arriviamo al secondo punto.

Se, come abbiamo visto all'inizio del capitolo, l'Europa sta diventando sempre più laica, ecco che questa parola in India è pressoché sconosciuta. Chiariamoci, il Secolarismo - semplificando, la divisione inequivocabile tra Stato e Religione - è parte integrante della Costituzione indiana da anni, ma ciò non significa che le persone non si identifichino in uno o nell'altro credo. Laggiù essere atei o agnostici non è un'opzione.

Fatta questa premessa, dunque, è bene guardare alle percentuali. Perché circa l'80% degli indiani è induista, mentre «solo» il 14% di fede islamica, mentre il 2% sono cristiani. Già, «solo» perché, calcolatrice alla mano, il 14% di 1,44 miliardi è quasi quattro volte l'intera popolazione italiana. E a ciò bisogna aggiungere che la quota di musulmani nel Paese è fortemente in crescita, a ritmi ben più serrati degli induisti: dal 1951 al 2011 la percentuale di indù è passata da 84,1 a 79,8, mentre quella degli islamici da 9,8 a 14,2.

Ed è da qui, infine, che arriviamo al terzo ed ultimo punto: la politica nazionalista di Modi. Dal 2014 (anno in cui è salito al potere) a oggi, il primo ministro indiano dedica molte delle sue energie a dare un'impronta fortemente religiosa (leggi induista) al Paese. Leader del partito nazionalista indù Bjp, nel 2019 Modi è stato rieletto per il suo secondo mandato ottenendo ben 303 seggi (erano 271 nel 2014) su un totale dell'intero parlamento indiano di 545.

Grazie, dunque, alla sua popolarità sta ridisegnando l'intera India basandosi su politiche fortemente identitarie, dove la matrice religiosa è elemento sostanziale. Basti pensare che durante il G20 del 9 e 10 settembre 2023 a New Delhi, il padrone di casa Narendra Modi recava davanti a sé il cartellino con il nome dello Stato con una parola sorprendente: *Bahrat*, «la terra che sostenta» in sanscrito, ovvero la versione hindi della nazione. Ecco che questi tre elementi ci danno modo di fare almeno due riflessioni che dovremmo sempre tenere a mente.

La prima è che, per i motivi appena citati, non possiamo permetterci di guardare a ciò che succede in India come a una (più o meno) simpatica storiella di un altro mondo così diverso e lontano tale da non darci importanza. A questo segue poi che l'integrazione tra popoli, culture e religioni è una cosa estremamente seria, verso la quale il mondo non marcia con comunanza d'intenti né velocità di crociera. Anzi, il fenomeno che si può ormai osservare in tutti i continenti è proprio di un ritorno identitario alle tradizioni, forse figlio di un certo smarrimento collettivo di fronte all'incedere della globalizzazione. Ritorno che però è anche propiziato da molti astuti capi politici, che ne fanno strumento potente d'influenza sui popoli, sia nella versione democratica che in quella autoritaria.

***

Mentre dalla nostra parte del mondo vengono rimossi i crocifissi nelle scuole (e dai manifesti delle Olimpiadi), nel Paese più popoloso della Terra non si fanno sconti, tantomeno religiosi, di alcun tipo. Semmai ci si pente di quelli fatti in passato, cercando una rivincita che sempre più spesso assume forme ostili e violente. L'importante, anche qui, è innanzitutto rendersene conto. Condizione che allo stato non mi pare consolidata.

5.
The Wall

Greg Abbott è il governatore repubblicano del Texas, rieletto nel 2022 per la terza volta. È in sedia a rotelle dal 1984, quando una quercia crolla su di lui mentre fa jogging all'età di 27 anni durante un forte temporale. La rivista *Time* lo indica tra le cento persone più influenti per l'anno 2024.

Trumpiano di ferro, ha firmato una legge che equipara a un crimine l'ingresso dei migranti in Texas, ha fatto mettere barriere galleggianti nel Rio Grande e sta sfidando la Casa Bianca con una barriera di filo spinato di 50 chilometri. La Corte Suprema boccia la barriera e ne impone la rimozione. Ma Abbott rilancia: non solo non intende toglierla, ma spedisce la Guardia nazionale e le milizie private a pattugliare le frontiere. Lo fa invocando la necessaria difesa dall'invasione e attivando un articolo della Costituzione che gli consente di dichiarare la legge marziale. Naturalmente, ha Donald Trump dalla sua parte, che promette aiuti massicci in caso di nuova elezione. D'altronde, il tycoon oggi è ancora sulle posizioni del 2017, quelle che lo hanno già portato una volta alla Casa Bianca.

«A nation without borders is not a nation. Beginning today the United States of America gets back control of its borders, gets back its borders. [...] the Secretary of Homeland Security working with myself and my staff will begin immediate construction of a border wall».

Da lì a oggi una pandemia mondiale, l'invasione dell'Ucraina e la guerra in Medio Oriente. Le parole, invece, sono quelle di Donald Trump, appena eletto presidente degli Stati Uniti d'America. Mai come oggi quelle parole sembrano attuali. Il motivo è presto detto. Tra l'ottobre 2022 e il settembre 2023 circa 2,4 milioni di migranti vengono intercettati via terra intenti ad attraversare il confine tra Messico e Stati Uniti. Ad agosto 2023 gli attraversamenti di migranti confermati sono 232.972, secondo quanto riportato dall'Ufficio doganale e di protezione delle frontiere degli Stati Uniti. I dati sono inequivocabili, e dicono che ogni giorno circa 10 mila migranti cercano di superare quello che rimane del Muro di Trump.

Già, quello che rimane, perché dopo sette anni di Muro ciò che resta sono 700 km (il confine ne conta oltre 3 mila), a fronte di una spesa di oltre 16 miliardi di dollari. Gran parte è dunque ancora incompiuto, con diversi punti costellati da migliaia di travi d'acciaio e materiali in costruzione. D'altronde Joe Biden, non appena eletto nel 2021, ha sospeso immediatamente i lavori (pur con una coda di costi ineliminabili).

Quello che conta però è che, guardando ai numeri di oggi, la soluzione ancora non è stata trovata: il confine tra Usa e Messico continua a essere preso d'assalto da donne e uomini in grande prevalenza delle regioni centroamericane. Una situazione di cui «col tempo» prende atto anche il presidente democratico Joe Biden, che pure in campagna elettorale dichiara che sotto la sua amministrazione «non un solo chilometro in più» del Muro sarebbe stato costruito.

Ma così non è: nel 2023, Biden annuncia che userà i fondi stanziati nel 2019 per costruire un nuovo tratto di circa 30 km sulla frontiera in Texas (continuando tuttavia a sostenere che il Muro non è una soluzione efficace, ma che non può opporsi a fondi precedentemente stanziati ad hoc per quel tratto).

Tornando invece a quanto succede in quel pezzettino di terra, la situazione oggi appare drammatica, oltre che ingestibile: i Paesi di maggiore provenienza sono Venezuela, Honduras, Messico, El Salvador, e il percorso verso il sogno americano è tra i più pericolosi a livello globale.

Nel 2022 l'Organizzazione mondiale per le migrazioni segnala questa rotta come la più rischiosa al mondo, con 686 persone morte e disperse (quantomeno quelle ritrovate) nel tentativo di raggiungere la frontiera statunitense. Dato che però arriva a oltre 8 mila, se si considerano i decessi a partire dal 2014.

Ora, al netto della vicenda Muro - che comunque mantiene una sua centrale rilevanza nell'opposta visione di repubblicani e democratici sui fenomeni migratori e nelle scelte di politica interna americana - i fatti degli ultimi sette anni ci permettono di fare una riflessione più ampia su un tema che non riguarda, come talvolta erroneamente si crede, soltanto Europa e Africa.

Partiamo dalla fine e prendiamo a confronto il «nemico del nuovo secolo» degli Stati Uniti d'America, la Cina. Il Paese della Grande Muraglia conta 1,4 milioni di immigrati residenti sul territorio. Che significa lo 0,1% della popolazione, contro il 15% degli Stati Uniti (e il 19% della Germania). Lasciando tuttavia da parte per un attimo l'irrilevanza di questa cifra, è bene concentrarsi sulla parola «residenti». Già, perché se entrare in Cina - anche prima del Covid - è mestiere tutt'altro che banale, rimanerci assomiglia vagamente a scalare la Grande Muraglia a mani nude.

Il Dragone, infatti, attua una politica immigratoria estremamente rigida e controllata, dove ottenere la cittadinanza è assai difficile, così come lo è ottenere un permesso di lavoro, a meno che non si possieda un'alta specializzazione o un elevato livello di istruzione: questo perché la Cina, che di immigrazione illegale non ne vuole sentire parlare, propone numerosi incentivi per tutti coloro che dal mondo vogliono andare a portare le proprie competenze nel Paese. Condizioni necessarie? Produttività e ferreo rispetto delle regole.

Quindi, esiste un grande tema di gestione del fenomeno migratorio, con una significativa differenza tra: Paesi democratici, dove ampia importanza (se non prevalente) viene data ai risvolti umanitari e dove, soprattutto, la capacità di portare avanti politiche dall'una o l'altra parte e vederne gli effetti sul lungo termine è limitata a un'alternanza politica praticamente certa; e quei Paesi, come la Cina, il cui unico pensiero è decidere quali soluzioni adottare, senza occuparsi troppo della loro «umanità» né di una scadenza temporale.

***

Interrogarsi sul futuro della democrazia è mestiere caro a troppi, ma forse è urgente farlo aumentando il peso sulla parola «sicurezza». Perché se è vero che l'efficienza nella gestione delle politiche migratorie dei regimi non democratici non può essere presa come esempio, è altrettanto vero che la ricetta «morbida» delle democrazie assomiglia a un colabrodo, con risultati non solo inquietanti sul futuro, ma talmente capaci di condizionare lo stesso dibattito democratico da diventare un fattore totalmente ingestibile.

6.
Una «bomba» chiamata Nigeria

In Nigeria solo il 57,3% delle nascite viene registrato. Questo è quanto emerge, nel novembre 2023, dalle parole di Rahama Farah, a capo dell'ufficio di Kano (capitale amministrativa del Paese) dell'Unicef. Togliendo di mezzo ogni erroneo pregiudizio che ci farebbe bollare questa dichiarazione come «nulla di nuovo», è bene invece guardare a qualche numero. Cominciamo da questo, apparentemente insignificante: 7,28.

Per coglierne il significato profondo bisogna spostarsi da Roma verso sud di 3.248 km per arrivare a Katsina, Stato della Nigeria, sul confine con il Niger. Con oltre 10 milioni di abitanti e una densità di popolazione di quasi 430 per chilometro quadrato, Katsina State detiene il primato in tutta la Nigeria per tasso di fertilità, esattamente pari a quel 7,28 di cui sopra. È in vetta alla classifica Katsina, ma non è una vera e propria eccezione.

I dati complessivi sulla Nigeria ci dicono che il tasso di fertilità del Paese è stabilmente pari a 4,99, l'età mediana è di 17,4 anni (no, non è un errore di battitura, sono mediamente minorenni) e la popolazione conta attualmente 229 milioni di persone.

Numeri che, ancora di più - al netto delle parole di Farah - accrescono d'importanza se pensiamo che in soli quattro anni la popolazione è cresciuta di 16 milioni (nel 2012 erano «solo» 170 milioni), con una proiezione al 2050 di diventare il terzo Paese al mondo per numero di abitanti, superando gli Stati Uniti e l'intera Europa.

Un ulteriore elemento di curiosità per quanto riguarda la Nigeria, poi, è rappresentato dalle differenze intra-territoriali. Lo Stato di Lagos, per esempio: qui il Pil del territorio è pari a circa 130 miliardi (l'intera Nigeria viaggia sui 477) e, se prendiamo per vero - e lo è - l'assioma che un rilevante sviluppo socioeconomico coincida con una diminuzione delle nascite, la capitale di questo Stato, l'omonima città di Lagos, nonostante rimanga la città più popolosa dell'intera Africa con i suoi 16 milioni di abitanti, ne è la prova inequivocabile, con un tasso di fertilità di 3,4 (dunque, inferiore di oltre un punto e mezzo sulla media nazionale).

Il primo reale problema della demografia del più popoloso Paese africano è proprio qui. Perché se l'assioma rimane vero in assoluto, la Nigeria ne rappresenta una straordinaria eccezione. L'intero Paese, infatti, è cresciuto moltissimo economicamente diventando la prima economia d'Africa (di recente ha superato anche Egitto e Sudafrica).

Ma, come probabilmente avrete capito, il tema nascite è tutt'altro che «migliorato»: complici una politica totalmente fallimentare e una disparità territoriale difficilmente riscontrabile in altre parti del mondo, la Nigeria si trova oggi ad affrontare un problema la cui attenzione è sotto gli occhi di tutti.

E se questo rappresenta un tema sul quale saremo molto presto chiamati a opportune valutazioni, oggi la situazione è una «bomba» tanto umanitaria, quanto immigratoria pronta a esplodere.

E lo è per almeno tre ragioni. Una crescita smisurata della popolazione porta con sé la necessità di garantire a quelle persone servizi e infrastrutture. E non stiamo parlando di villette a schiera e cliniche private, bensì di case arroccate e basilari cure mediche. E non è affatto semplice.

Il secondo motivo riguarda l'enorme disparità presente sul territorio tra chi sta bene e chi no. Questo elemento fa da nutrimento per le organizzazioni criminali, già fortemente radicate nel territorio: la Nigeria, infatti, rimane un Paese con tensioni militari rilevanti - come nel caso del Delta del Niger, ci arriveremo fra pochissimo - soprattutto a causa della mai scomparsa cellula jihadista di Boko Haram, e nondimeno della mafia nigeriana.

La terza e ultima *reason why* riguarda, come poc'anzi anticipato, il Delta del Niger. La Nigeria è il più grande produttore di petrolio di tutto il continente africano, e l'80% di questa produzione avviene proprio nella zona del Delta del fiume Niger, al confine con l'omonimo Stato, che rende questa zona fortemente attrattiva non solo per le due organizzazioni criminali appena citate, ma anche per Paesi come Russia e Cina, che in Africa sono già presenti da tempo con strategie tutt'altro che pacifiche (leggasi Wagner).

***

Tutti questi tre motivi, di conseguenza, hanno un denominatore comune rappresentato dal potenziale esplosivo di fenomeni migratori, più o meno spontanei. La bomba è innescata e l'esplosione non è lontana.

SECONDA PARTE

Interludio

And therefore never send to know
for whom the bell tolls.
It tolls for thee.

JOHN DONNE (1572-1631)

Per chi suona la campana

Ai primi di aprile 2024 ho partecipato a un interessante dibattito a Roma sulla situazione in Medio Oriente, organizzato da alcune associazioni di amicizia verso Israele. L'incontro è iniziato con un video struggente, sulle note dell'inno di Hatikvah, cioè l'inno d'Israele, rivisitato da un'orchestra giovanile in un recentissimo concerto nel ricordo del 7 ottobre 2023. Nel video l'atmosfera è commovente, la musica emozionante, la commozione inevitabile anche nella sala d'albergo dove ci trovavamo a Roma, nella storica via Veneto.

La mia reazione è stata di preoccupato fastidio: l'ho detto in quella sede e lo scrivo qui. Fastidio da non equivocare, sia chiaro. Capisco perfettamente il desiderio di non dimenticare, e penso che se c'è una forza dell'agire libero e democratico sta proprio nel non rimuovere, non cancellare, non passare oltre in virtù della convenienza.

Però, osservo con grande preoccupazione la tendenza (tutta nostra, europea, americana, occidentale) ad «addolcire» le situazioni, quasi a voler allontanare da noi tutto ciò che è drammatico, doloroso, in ultima analisi brutto. E allora la tragedia del 7 ottobre, che è fatta di morte, di violenza, di sopraffazione, di abuso sessuale, di vilipendio di cadaveri, di rapimento di bambini e anziani, proviamo a ricordarla con le note dell'orchestra, sublimando così la memoria con un'espressione artistica che rende tutto più gentile. Ma che, proprio per questo motivo, lo rende anche falso, nobilmente, ingenuamente, comodamente falso.

Adesso, nei prossimi capitoli, arrivano altre storie. Adesso si parla di armi, perché anche qui è ora di smetterla con i racconti di comodo. La corsa agli armamenti di questo secolo non è un figlio malato della brama di utili da dividere tra gli azionisti dell'industria di settore nel sistema capitalistico. Certo, anche il mondo delle armi fa la sua attività di lobby. E peraltro ci riesce benissimo.

È arrivato il momento di dire le cose come stanno. La corsa alle armi è, innanzitutto, un progetto di controllo della situazione interna e di proiezione di potenza all'esterno delle numerose autocrazie del mondo, che hanno capito un concetto molto semplice: meglio investire miliardi nella repressione e nell'organizzazione militare dell'uso della forza anziché indire libere elezioni.

7.
Chi preme il grilletto

È il 12 marzo del 2022, poco più di due settimane dall'inizio della guerra. Le Forze armate ucraine abbattono un drone russo in volo nel distretto di Podil, una delle dieci zone amministrative della capitale Kiev (il quartiere è famoso per la Discesa di Sant'Andrea, che si sviluppa scendendo dalla chiesa barocca dedicata al medesimo santo, con le sue botteghe di antiquariato e di arte locale, a poche centinaia di metri dal museo nazionale *Cernobyl,* dedicato al disastro nucleare del 1986).

L'episodio - a quel tempo ancora abbastanza sorprendente, ma oggi diventato routine su tutti e due i fronti - è però assai significativo per una ragione decisamente speciale, racchiusa nella sigla *Kub-BLA* che caratterizza quel drone, per la prima volta abbattuto in zona di combattimento. Si tratta di un cosiddetto «drone suicida», categoria ormai diventata tragicamente celebre nei racconti dai vari fronti di guerra apertisi in questi ultimi anni.

Ma ciò che più conta si trova nella presentazione ufficiale di questo sistema d'arma, avvenuta nel 2019 all'Idex, la fiera internazionale delle armi che si svolge ogni anno ad Abu Dhabi. E qui occorre prestare molta attenzione a sigle, parole, ricorrenze. Ad aver costruito il drone è *Zala Aero Group*, azienda specializzata del gruppo *Kalašnikov*, che prende il nome dal celebre progettista russo che creò il fucile mitragliatore *Ak-47*, probabilmente l'arma semi-automatica più celebre e diffusa al mondo, con i suoi oltre 100 milioni di pezzi prodotti (nessuno conosce il numero esatto, anzi è assai probabile che questa stima risulti clamorosamente errata per difetto, considerando anche le imitazioni).

Quindi, siamo al cuore della migliore tradizione russa nella produzione di armi, che consente ancora oggi a quel Paese di detenere oltre il 15% del totale delle esportazioni mondiali del settore. E si badi bene: se è vero, com'è vero, che le sanzioni 2022-2023 hanno reso più difficile il mantenimento di questa quota di mercato, è altrettanto vero che la crescita del ricorso a produzioni russe è stata impetuosa da parte cinese (+39%) ma anche da parte egiziana (+44%), per non parlare delle ormai ben note triangolazioni attraverso Paesi terzi compiacenti (ad esempio le ex repubbliche sovietiche del Caucaso). Tutto questo per dire qualcosa di semplice e anche inequivocabile: l'industria militare russa è più viva che mai.

Ma torniamo al nostro drone, un esemplare di piccola taglia che misura 121 cm di lunghezza per 95 di larghezza, con un peso di carico utile di soli 3 kg. Ebbene, il *Kub* è dotato di una fotocamera a colori e di un sistema di geolocalizzazione satellitare, elementi ormai di routine anche sugli esemplari di non particolare sofisticatezza. Soprattutto, dispone di un sistema di Intelligenza Artificiale utile a identificare, tracciare e colpire autonomamente una vasta gamma di bersagli. In sostanza, l'arma volante di cui stiamo parlando può essere programmata da remoto prima della partenza, può essere guidata fino all'obiettivo durante il volo (con infinite possibilità di introdurre modifiche in ogni momento), ma - attenzione - può anche essere lasciata libera di scegliere quando e cosa colpire. Diciamola in un altro modo, ancora più esplicito: la macchina può uccidere di sua iniziativa.

★★★

È chiaro di cosa stiamo parlando? Perché qui non possono essere utilizzati giri di parole: la decisione sull'obiettivo da colpire è del drone medesimo e del sistema di analisi che monta a bordo. O meglio: può agire anche così, perché è stata pensata per funzionare in modalità diverse, compresa questa.

Può farlo il modello di cui abbiamo sin qui parlato, ma può farlo anche il suo cugino più grande, cioè il *Lancet*, sviluppato dagli stessi produttori e impiegato prima in Siria e poi in Ucraina. Un drone che arriva a 300 km/h sull'obiettivo con oltre 3 kg di esplosivo (nella versione più performante), in grado persino di colpire e distruggere i moderni Uav (*Unmanned Aerial Vehicle*) da combattimento. Il tutto a un prezzo (per il *Lancet*) di circa 30 mila dollari, quindi assai contenuto rispetto al valore degli obiettivi che può distruggere: a mero titolo di esempio, vale la pena evidenziare come il moderno *Mq-9 Reaper* americano può costare sino a 30 milioni di dollari (compresa l'attrezzatura di bordo) ed è esattamente il modello di cui un esemplare è stato abbattuto mentre volava sul Mar Nero a marzo del 2023, anche se in quel caso a colpirlo sono stati due jet russi con pilota a bordo.

Eccoci allora al cuore della questione, brutale nella sua violenta semplicità: il tempo della decisione esclusivamente umana nell'uso della forza in teatro di guerra è già alle nostre spalle, perché oggi (e, ancor più, domani) è e sarà sempre più attiva una intelligenza non umana in grado di fare da sola. Allo stato attuale, questa intelligenza fornisce prevalentemente un supporto, che però già oggi incrementa in modo significativo la capacità di agire dell'operatore/soldato. Ma in prospettiva (più breve che lunga) potrà fare da sola.

Sul punto non serve né minimizzare né esplodere in allarmismi ridicoli. Non siamo alla fine del mondo, ma neanche siamo di fronte a un tema di poco conto. Ci torneremo più avanti, dedicando proprio all'Intelligenza Artificiale un altro approfondimento nel prossimo capitolo. Tuttavia, qui occorre avere chiaro un concetto: la rivoluzione è alle porte. Anzi, è già cominciata.

8.
Volare al buio

Borisoglobesk-2. Dovremmo memorizzare questo nome. E non è tanto una questione nominalistica, bensì di sostanza. Stiamo parlando di aerei e delle loro tratte, di voli civili, che centinaia di migliaia di persone usano ogni giorno per viaggiare, lavorare, andare in vacanza. E stiamo parlando di una zona molto trafficata del mondo, cioè quell'angolo di Europa che Europa non è (almeno, non nel senso politico e statuale): vale a dire l'exclave di Kaliningrad, che è terra russa a tutti gli effetti.

Siamo a nord della Polonia, a est della Lituania e a sud del mar Baltico: questi i tre confini del pezzo di Russia fuori dalla Russia. Kaliningrad è alla foce del fiume navigabile Pregel, che termina nella laguna della Vistola e quindi in mare, e ha una storia antica e nobile, come dimostra a eterna memoria la tomba di Immanuel Kant nei pressi della cattedrale medievale posta sull'isola Kneiphof. Fondata nel 1255 con il nome di Königsberg («Monte del Re») in onore di Ottocaro III di Boemia, la città diventa presto il centro più importante della Prussia Orientale e prospera per secoli di commerci, anche grazie al porto in posizione strategica.

Il 4 luglio 1946, però, entra in vigore il Trattato di Potsdam e così, dopo sette secoli, la città e una porzione significativa di territorio circostante entrano a far parte dell'Unione Sovietica, come stabilito tra le misure di risarcimento a seguito del secondo conflitto mondiale. Da qui il cambio del nome: quello nuovo è in onore del rivoluzionario bolscevico Michail Ivanovič Kalinin. La popolazione tedesca sopravvissuta viene espulsa con la forza tra il 1946 e il 1949 e arrivano centinaia di migliaia di cittadini sovietici; ovviamente, la lingua russa prende il posto del tedesco.

L'aspetto più rilevante sotto il profilo strategico è, come spesso accade, di carattere militare: il porto è in posizione ottima rispetto all'intero Mar Baltico, ma soprattutto è nell'unico punto (sul lato sovietico) in cui il mare non ghiaccia mai, nemmeno nelle settimane più fredde del rigido inverno. Proprio per questo nel 1952 diviene quartier generale della Flotta del Baltico, anche grazie alla costruzione del nuovo porto nella vicina Baltijsk (già Pillau).

La fine dell'Unione Sovietica, però, conduce all'indipendenza delle repubbliche baltiche, con conseguente mutamento di enorme rilevanza per l'area, poiché da quel momento viene meno la continuità territoriale con la Russia. La questione non è di poco conto, e infatti ne nascono tensioni su vari fronti, acuite dall'ingresso della Polonia e della Lituania nella Nato. Tra un momento critico e l'altro si arriva fino al 2022, l'anno dell'invasione dell'Ucraina: qui comincia la nostra storia, che è una storia che è di terra, di mare ma, soprattutto, di cielo.

È una storia di terra perché, anche solo guardando la cartina geografica, si coglie uno degli aspetti più delicati del territorio europeo dei Paesi Nato: solo 65 chilometri collegano la Polonia con la Lituania (e quindi anche le altre repubbliche dell'Estonia e della Lettonia), giacché a nord-ovest c'è il territorio russo di Kaliningrad e a sud-est quello bielorusso. Insomma, quel confine è l'unico terrestre con il resto della Nato per ben tre nazioni. E se fino al 2022 i progetti d'espansione (o ritorno al passato) del Cremlino potevano apparire non realistici, dal 24 febbraio di quell'anno tutto è cambiato.

Ma quella è anche una storia di acqua, soprattutto da quando Svezia e Finlandia sono entrate nell'Alleanza Atlantica, rendendo il Baltico un mare assai meno «russo» di prima. Anzi, se vogliamo proprio dirla tutta, oggi appartengono a nazioni dell'Alleanza oltre il 90% delle coste di quel mare «chiuso» (e, proprio per questo, con una storia di qualche analogia con quella del Mediterraneo). Fanno eccezione soltanto i 100 km appunto di Kaliningrad e i 200 km ai lati di San Pietroburgo: proprio i due porti russi più importanti nei mari del nord e anche in assoluto.

Per comprenderlo meglio, occorre rammentare che a San Pietroburgo ha sede il comando supremo della Marina militare russa. Il Palazzo dell'Ammiragliato è collocato all'inizio della Prospettiva Nevskij nel poderoso edificio ripensato ai primi dell'Ottocento dall'architetto Zacharov, a poco più di cento anni dalla fondazione della città pensata da Pietro il Grande per essere il porto più importante dell'Impero. La città si sviluppa intorno alla base navale con al centro la Fortezza dei Santi Pietro e Paolo, costruita sull'isola delle Lepri nel delta della Neva, il fiume che proprio lì sfocia in mare.

Non c'è motivo qui di occupare troppo spazio nell'elencare i motivi per i quali San Pietroburgo è la Russia, sarebbe esercizio anche un po' ridicolo. Vale però la pena di ricordare che lì è nato lo stesso Vladimir Putin (il 7 ottobre del 1952, ma allora la città si chiamava Leningrado, nome che ha conservato dal 1924, l'anno della morte di Lenin, fino al referendum del 1991 che l'ha riportata al toponimo originale).

Terra e acqua, dunque. Ma anche cielo, poiché quello spazio aereo è da sempre di grande importanza nel traffico civile e ora vede accresciuta enormemente la sua importanza anche in campo militare, proprio per il confronto a distanza ormai ravvicinata tra Nato e Russia. Per rendersene conto basta guardare alle cronache degli ultimi mesi, che evidenziano episodi sempre più frequenti di contatti non particolarmente amichevoli a migliaia di metri di altezza. Ad esempio, il 28 e il 29 marzo 2024 il Caoc, Centro di comando e controllo delle operazioni aeree della Nato che ha sede a Uadem (Germania), lancia un allarme per un velivolo non identificato che si sposta ai confini dello spazio aereo dell'Alleanza.

Si mettono in moto due caccia *Eurofighter* (F-2000) italiani che fanno base a Malbork (Polonia), 50 km a sud di Danzica e soli 80 km dal confine con il territorio russo di Kaliningrad. I militari italiani identificano due aerei russi *Ilyushin* (IL 20 M). Si tratta di una vecchia gloria dell'aviazione sovietica, progettata e prodotta tra la fine degli anni Sessanta e il decennio successivo.

Può volare per dodici ore consecutive ed è dedicato alla raccolta dati, anche perché nell'attuale versione dispone di apparecchiature moderne con sensoristica di vario tipo (radar, guerra elettronica, *imaging*); come dimostra l'elemento a forma di grosso sigaro posto sotto la fusoliera, mentre le due grandi antenne nella parte superiore sono dedicate alla trasmissione a terra dei dati in tempo reale. Insomma, un aereo-spia, nella definizione più di carattere giornalistico che tecnico, capace però di rendere l'idea.

Questi voli - con annesse intercettazioni di reazione - sono ormai pressoché quotidiani e rispondono a vari scopi. Certamente c'è una dimensione operativa (raccolta d'informazioni) ma poi ce n'è un'altra di non minore importanza, cioè testare la reazione del dispositivo Nato. Infine, c'è una dimensione politica, perché spesso le attività s'intensificano nei momenti più accesi nella polemica internazionale.

Ad esempio, i russi hanno iniziato a volare con atteggiamento provocatorio anche vicino allo spazio aereo britannico, non a caso il più accesso sostenitore della causa ucraina insieme alla Polonia, come dimostra l'episodio del 14 agosto 2023, quando i jet *Typhoon* della Royal Air Force (Raf) intercettano due velivoli di Mosca a nord delle isole Shetland, in Scozia. Si tratta di due *TU-142 Bear*, aerei antisommergibile e ricognitori d'alta quota, normalmente impiegati in azioni di pattugliamento sull'oceano Pacifico. Oppure, come annunciato del governo norvegese grazie a informazioni dell'intelligence militare, è ormai frequente da parte russa il dispiegamento di navi tattiche con armi nucleari nel mar

Baltico, comportamento tipico degli anni della Guerra Fredda ma che negli ultimi trent'anni non si era più verificato. È quindi evidente che siamo dentro una storia tutta diversa, nella quale la dimensione «conflitto» è decisamente prevalente rispetto a quella del dialogo.

***

Esattamente in questo contesto s'inserisce un fenomeno tanto recente quanto inquietante, così contemporaneo nella sua efficacia da risultare paradigma perfetto di quelle guerre asimmetriche che caratterizzano già il presente e che sono destinate a occupare il centro della scena nel futuro.

La data da tenere a mente è quella del 14 marzo 2024. Il *Dassault* 900 *LX* della Raf (aereo da 50 milioni di dollari dotato di tre motori, che ne aumentano la capacità di atterrare su piste più corte, capace di 8 mila km di autonomia) sta riportando a Londra Grant Shapps, da agosto 2023 ministro della Difesa del governo guidato da Rishi Sunak. Autorevole esponente della comunità ebraica britannica, è dirigente di spicco del Partito Conservatore ed è ininterrottamente al governo dal 2019, rappresentando in parlamento il collegio di Welwyn Hatfield dal 2005.

Si è appena conclusa la sua visita di Stato in Polonia, dove ha raggiunto il contingente britannico impegnato nell'esercitazione Nato *Steadfast Defender* («Difensore Risoluto», titolo tutt'altro che casuale), la più importante realizzata da oltre trent'anni a questa parte con il coinvolgimento di oltre 90 mila militari di 31 nazioni più la Svezia, che partecipa come Paese partner (entrerà ufficialmente nella Nato il 7 marzo 2024) e l'impiego di oltre mille mezzi di ogni tipo.

Shapps è anche reduce da un incontro con il suo omologo polacco Wladyslaw Kosiniak-Kamysz e poi, parlando con la stampa, ribadisce il totale appoggio britannico alla causa ucraina nonché l'auspicio che il suo Paese porti al 3% del Pil le spese per la Difesa e la Sicurezza, requisito a suo dire essenziale per fronteggiare gli impegni di questa fase storica.

Concluso il programma della visita, il ministro s'imbarca con il suo seguito e l'aereo decolla. Ma il volo si rivela tutt'altro che tranquillo, perché non appena l'aereo si avvicina a Kaliningrad (è la via più breve verso la Gran Bretagna) il segnale Gps inizia ad avere seri problemi, rendendo impossibile l'uso dei telefoni a bordo e costringendo l'equipaggio a usare metodi alternativi per determinare la posizione. Per 30 minuti circa la situazione non migliora, e solo allontanandosi dalla zona gli strumenti riprendono la loro piena agibilità. L'aereo atterra regolarmente a Londra e il governo comunica dall'ufficio del primo ministro che non c'è stato pericolo, anche se fonti (anonime) della Difesa bollano come «irresponsabile» il sabotaggio.

Cos'è successo? Lo spiega bene Ed Mortimer, vicepresidente degli affari governativi della società di servizi di geolocalizzazione *NextNav*. Mortimer dichiara a *Newsweek* che l'uso del *jamming* è uno «strumento nella cassetta degli attrezzi» per i conflitti, che la Russia aveva utilizzato anche prima dell'invasione su vasta scala dell'Ucraina nel 2022. Mortimer illustra che l'interferenza del Gnss (sistema satellitare di navigazione globale) è diventata un'arma sia da parte di attori sia statali che non per causare danni senza dichiarare apertamente guerra.

«Abbiamo visto queste interferenze nel conflitto ucraino negli ultimi anni. Si sono intensificate, senza dubbio [...] Il *jamming* e lo *spoofing* sono ormai diventati uno strumento nella cassetta degli attrezzi per questo tipo di conflitti, e questo è motivo di preoccupazione. Ci vuole certamente del tempo prima che i governi rispondano. Dobbiamo introdurre altri sistemi che possano essere complementari e fornire quella resilienza in modo che, in caso di un'interferenza Gps o Gnss, quelle altre tecnologie possano in qualche modo riempire il vuoto» (*Il Messaggero*, 17 marzo 2024).

Il fenomeno non riguarda solo voli di Stato o militari di questo o quel Paese, anche se la Raf risulta tra le forze aeree più colpite: i jet con base a Cipro hanno avuto molti problemi, guarda caso proprio nel teatro di operazioni siriane, dove la presenza russa è massiccia. Vari esperti con forte seguito sui social (*X* in particolare) stanno tenendo il conto di quanti aerei vanno incontro a problemi di questo tipo. Tra i più accreditati c'è Markus Jonsson (il nome è di copertura, perché su queste materie nessuno ci mette la faccia direttamente), che propone un dato relativo proprio ai giorni della vista di Shapps in Polonia: 873 hanno avuto problemi con la navigazione volando dalle parti di Kaliningrad, con casi estremi come quello del volo *Ryanair* partito da Vilnius e rimasto senza Gps per due ore.

Grazie a un articolo del quotidiano *Il Giornale* (3 marzo 2024) possiamo capire come funziona il sistema di disturbo, leggendo su *Gps World* le parole dello studioso in tecnologie Zach Clements dell'Università del Texas. Esaminando le possibili fonti dell'interruzione dei segnali Gps, Clements scopre che i trasmettitori sono sparsi in una vasta area: in alcuni casi viene disturbato soltanto il segnale Gps, in altri un trasmettitore è in grado anche di disturbare i sistemi montati sugli aerei affinché gli strumenti di bordo mostrino una posizione non reale. Questo fenomeno è conosciuto con il nome di *circle spoofing* ed è molto più tipico del settore navale. «Un ricevitore viene catturato elettronicamente e "spostato" in una posizione diversa. Quindi, viene fatto sembrare che si muova in tondo, quasi sempre in senso orario».

Clements è sicuro che la fonte dello *spoofing* si trovi in Russia: «I punti in cui l'aereo ha iniziato a essere colpito dallo *spoofing* e dove hanno riacquistato il Gps autentico, indicano che lo *spoofer* si trova da qualche parte nella Russia occidentale».

Anche l'Institute for the Study of War (Isw) americano punta il dito sulla Russia e lo stesso fanno i vertici delle Forze armate delle repubbliche baltiche che, lo ricordiamo, sono meglio collegate alla Nato via mare che via terra, e hanno nel traffico aereo un aspetto essenziale del loro sistema di comunicazione con il mondo.

***

Tutto questo mette in serio pericolo i voli commerciali? Drammatizzare è sbagliato, sottovalutare è da imbecilli. Non posso concludere questo racconto senza spiegare perché all'inizio ho menzionato quella sigla difficile da leggere: *Borisoglobesk-2*. È il sistema d'arma russo montato sul veicolo terrestre *MT-LB*, il più diffuso cingolato per trasporto truppe e materiali delle Forze armate di Mosca. Operativo dal 2015, è dedicato alla guerra elettronica multifunzionale (Ew) ed è largamente impiegato nelle operazioni militari in Ucraina, tanto è vero che diversi esemplari sono stati catturati e molti altri distrutti. Insomma, quei disturbi sulle rotte aeree hanno la firma in calce di *Borisoglobesk-2*. Ed è anche ben leggibile.

9.
Il Dragone gioca pesante

Dare alle cose il nome giusto non è materia di poco conto, né dalle inconsistenti conseguenze. Men che meno lo è quando si tratta di scelte cinesi che, come sappiamo, compongono in modo simbolico le parole usando più elementi per farlo, compresi segni grafici necessari per tenere conto di mille sfumature. Ecco perché la parola da cui parte questo racconto, o meglio quest'analisi che parla di Cina, deve essere còlta in tutto il suo significato politico, storico e militare.

Politico, perché parliamo della più spinosa questione che investe lo scacchiere orientale, cioè l'indipendenza dell'isola di Taiwan. Storico, perché la medesima questione è ampiamente trattata in Cina come una ferita aperta proprio in considerazione dell'incrollabile volontà cinese di leggere il presente in piena continuità con un passato che non può che vedere la Cina medesima come centro del tutto. Militare, perché qui parliamo del più moderno e complesso prodotto dell'industria bellica nazionale, che da non molti anni si sta organizzando per cancellare ogni dipendenza da forniture straniere.

Ebbene quel nome è *Fujian*, scelto per la nuova portaerei cinese, di cui circolano alcune fotografie veicolate dai media statali di Pechino. Varata nel 2022, è la terza nave di questo tipo a disposizione della Marina dell'Esercito Popolare di Liberazione Cinese (Zhōngguó Rénmín Jiěfàngjūn Hǎijūn), già oggi la forza navale più numerosa del mondo con oltre 400 imbarcazioni, tema su cui tornerò a breve.

La *Fujian* è la terza portaerei cinese, ma è la prima integralmente sviluppata a livello nazionale ed è dotata di tre catapulte elettromagnetiche per il decollo dei velivoli, tecnologia sin qui posseduta solo dagli americani. Pesa circa 90 mila tonnellate, per 300 metri di lunghezza e 73 di larghezza, dimensioni che solo le rivali a stelle e strisce possono eguagliare, pur nel ristretto club di questo costosissimo tipo di navi militari. Il giorno del varo (17 aprile 2022), un'enorme scritta rossa campeggiava sull'area del bacino di carenaggio, scritta che non lasciava spazio di manovra per dubbi sulle intenzioni cinesi: «Proiettare la potenza di combattimento. Battersi per costruire una flotta con capacità globali».

Torniamo però al nome, perché molto - se non tutto - parte da lì. *Fujian* è il nome storico di una provincia cinese, coniato durante la dinastia Tang, che regna in Cina per 291 anni tra il 617 e il 908 a seguito di un colpo di Stato militare, con Li Yuan Gaozu, comandante della guarnigione di Taiyuan nello Shanxi, che marcia sulla capitale imperiale dell'epoca, *Chang'an*, assumendone il controllo ed impossessandosi della corona.

Ottava provincia nella classifica 2022 per Pil (in tutto, le province cinesi sono 31), conta oltre 40 milioni di abitanti. È una provincia ricca di risorse naturali (bambù, legnami pregiati), colture intensive di riso che danno due raccolti l'anno, tè nero famoso in tutta la nazione, e ancora canna da zucchero e tabacco. Ma Fujian è anche decisamente sviluppata nell'industria alimentare, in quella siderurgica, nella cantieristica e nella lavorazione del legno. Qui si trova la città di Zaiton, come Marco Polo chiamò l'odierna Quanzhou, mentre il capoluogo è Fuzhou, con i suoi dieci milioni di abitanti e i suoi grattacieli che spuntano come funghi.

Ma quel che più conta è la posizione della provincia, affacciata con oltre 400 chilometri più o meno a metà tra il Mar Cinese Meridionale e quello Orientale: esattamente di fronte all'isola di Taiwan, oggetto di quella che è forse la contesa geopolitica più importante (e delicata) del mondo.

***

Siamo arrivati al punto: la Cina decide di dare il nome della provincia «naturalmente» destinata ad annettere Taiwan alla nave più importante della sua flotta, orgoglio tecnologico dell'industria nazionale, e prima vera sfida alla superpotenza americana sul terreno impraticabile per tutti gli altri attori del pianeta, cioè le portaerei.

Il che conferma per l'ennesima volta quello che per l'intero gruppo dirigente del Partito comunista cinese può essere considerato un punto d'onore, e allo stesso tempo un esito inevitabile perché logico: prima o poi (più prima che poi) l'isola tornerà a unirsi al continente. E accadrà sia per pacifico divenire della storia (ma a Taiwan non ne vogliono sapere) o per una forzatura *manu militari*. E siccome questa seconda ipotesi ha molte possibilità di rivelarsi l'unica realmente percorribile, ecco che la «regina» della flotta diventa il simbolo di un obiettivo non eludibile né (troppo a lungo) rinviabile.

La portaerei *Fujian* non è ancora pienamente operativa e, come ricordato all'inizio, è la terza portaerei cinese. Verosimilmente verrà assegnata alla Flotta Orientale, visto che la *Liaoning* è in servizio con la Flotta Settentrionale e la *Shandong* con quella Meridionale. Sappiamo però che l'obiettivo della Marina Cinese è quello di arrivare a 5/6 gruppi navali incentrati su altrettante portaerei entro il 2035 (cioè domani, visti i tempi necessari per costruire queste navi di enorme complessità e costo, e considerati anche i tempi che passano tra il varo e la piena disponibilità operativa). Mentre invece obiettivo più a medio termine, diciamo 2050, è quello di superare per tonnellaggio la US Navy.

Siamo di fronte a un piano strategico militare volto a ribaltare gli equilibri planetari, mettendo in discussione un dominio americano in mare che dalla battaglia delle Midway nessuno ha più potuto minacciare: in quella furibonda battaglia navale e aerea durata da 4 al 7 giugno 1942 la Marina Imperiale del Giappone vide affondare quattro portaerei e un grande incrociatore, perdendo anche trecento aerei da combattimento e molte centinaia di marinai e aviatori esperti.

Si tratta certamente del più importante scontro navale della Storia contemporanea, che è stato capace di indirizzare il corso del conflitto nell'aerea del Pacifico. I programmi cinesi, dunque, impongono alla Nato del XXI secolo di ragionare con nuovi schemi, come spesso ricordano i massimi responsabili politici e militari di Corea del Sud, Australia e Giappone, soci granitici dell'Alleanza atlantica e, soprattutto, collocati nel teatro che ha tutte le caratteristiche per essere quello più turbolento del secolo, forse in condivisione con il Medio Oriente. Per orientarci meglio, usiamo i dati del World Directory of Military Modern Warship, come riportati a febbraio 2024 da *DifesaBlog*.

Oggi la situazione è la seguente: con un *True Value Rating* (Tvr) di 323,9, indice che combina molti aspetti (dalla dimensione della flotta alla forza lavoro, dall'avanzamento tecnologico al supporto logistico, dalle capacità offensive e difensive all'addestramento), la Marina degli Stati Uniti guida la classifica mondiale grazie alle sue 243 unità navali che operano in tutti i mari del mondo. Al vertice per potenza operativa c'è naturalmente la flotta di portaerei, ben undici quelle in servizio (peraltro tutte da 100 mila tonnellate, in quella categoria che viene chiamata dagli esperti delle «Super portaerei»).

Già oggi al secondo posto c'è però la Cina, con un Tvr vicinissimo a quello americano, cioè 319,2 e 422 unità disponibili, decisamente concentrate però nei mari più familiari (anche se da qualche anno si svolgono missioni in tutti gli angoli del pianeta).

Segue la Marina russa, con indice 242,3 e 264 unità, in cui spicca la flotta poderosa di sommergibili, tra cui il mastodontico *Belgorod*, considerato il più potente al mondo.

Le posizioni dalla quarta alla decima sono occupate da Indonesia, Corea del Sud, Giappone, India, Francia,

Gran Bretagna e Turchia, con l'Italia all'undicesimo posto. Se accorpiamo quindi le disponibilità dei Paesi Nato e alleati è ancora ben evidente il vantaggio delle nazioni a regime democratico, ma non è questo un motivo per dormire sonni tranquilli.

È infatti del marzo 2024 l'annuncio cinese di un nuovo incremento del budget per la Difesa, in crescita sull'anno precedente di un robusto 7%. Ed è di questi mesi l'intensificarsi di notizie della quarta portaerei in costruzione, tutta di tecnologia nazionale e questa volta probabilmente dotata di propulsione nucleare.

Il cantiere interessato dovrebbe essere quello di *Jiangnan* a Shanghai, come alcuni documenti circolati sui social network lasciano intendere. Peraltro, dovrebbe essere un progetto in grado di ospitare a bordo i cacciabombardieri J-15 *Flying Shark* (versione cinese del *Sukhoi* Su-33 russo), ma soprattutto i caccia stealth di quinta generazione *Shenyang* FC-31 e i nuovissimi aerei radar da allarme precoce *Xian* KJ-600, oltre a un gran numero di droni d'attacco difficilmente intercettabili.

***

L'ambizione di questo progetto è grandissima, non solo per la sfida che rappresenta per l'intero comparto industriale della Difesa, ma anche perché si tratta di un terreno nuovo.

La prima portaerei, infatti, cioè la *Liaoning*, altro non è che un'imbarcazione costruita a metà in Ucraina, portata via mare in Cina e completata aggiornando l'originale progetto di chiara impronta sovietica. La seconda,

Shandong, è stata interamente realizzata in Oriente, ma anch'essa su progetto sovietico, aggiornata con tecnologie d'inizio anni Duemila.

Adesso quindi, a maggior ragione nell'intraprendere la strada della propulsione nucleare, ci troviamo al vertice della sfida globale, esattamente quella che anche gli americani stanno giocando con i quattro progetti in corso d'opera, cioè quelli delle portaerei *USS John F. Kennedy*, *USS Enterprise*, *USS Doris Miller* (dal nome del cuoco di terza classe afroamericano, morto nel 1943 nella battaglia di Tarawa alle Hawaii a bordo della portaerei di scorta *Liscome Bay*, ma insignito personalmente dall'ammiraglio Nimitz della Navy Cross per il coraggio dimostrato a bordo della *West Virginia*, affondata dai giapponesi a Pearl Harbour nel dicembre del 1941); infine, si segnala una portaerei ancora senza nome. Solo le prime tre navi sono già in costruzione, mentre l'ultima è ancora in fase di progetto.

Ci spiega bene la rilevanza di tutto questo un passaggio di una recente analisi di *Difesa Online*: «La portaerei, ha ormai dimostrato di essere diventata indispensabile in un contesto di lotta moderna sul mare, e non solo. Dai primi timidi e pionieristici impieghi sul finire della Prima guerra mondiale, la portaerei è stata oggetto di un'enorme evoluzione tecnologica e concettuale. Ha contribuito a ridisegnare gli schemi degli scontri navali, arrivando a ritagliarsi un fondamentale ruolo anche nel supporto alle operazioni anfibie e a quelle terrestri, entro determinati limiti dalla costa». Limiti che, per la verità, si sono significativamente ampliati con il progredire dell'evoluzione sia delle navi che degli aerei imbarcati.

Di tutto questo abbiamo recentissima dimostrazione nelle complesse attività operative in risposta al poderoso attacco con droni e missili portato dall'Iran a Israele nella notte tra il 13 e il 14 aprile 2024, sventato per effetto innanzitutto dell'efficace sistema di difesa aerea israeliano *Iron Dome*, cui però ha dato sostegno la portaerei *Eisenhower*, che nelle ore precedenti ha condotto il suo intero gruppo navale il più vicino possibile a Israele, risalendo il Mar Rosso con i suoi 70 velivoli da combattimento a bordo.

Per semplificare, possiamo dire che il gruppo navale che opera a sostegno, completamento e protezione delle attività che può svolgere una moderna portaerei, è paragonabile all'intera capacità operativa della Marina di una nazione di media potenza, con l'aggiunta di una combinazione mare-cielo che può agire in totale indipendenza dalle attività a terra.

Per questa ragione, i programmi cinesi si stanno dedicando a costruire questi gruppi di combattimento che hanno nella portaerei il fulcro ineludibile. Ed è qui il motivo che deve spingerci a una corretta interpretazione politica e militare di tali programmi: essi sono necessari per un ruolo di potenza globale dispiegabile in ogni mare e su ogni continente.

Tutto ciò è ancor più necessario in ragione dell'ormai immensa flotta di navi commerciali delle grandi compagnie di navigazione del Dragone, che come noto seguono l'unico modello imprenditoriale disponibile da quelle parti: impresa solo in parte privata e comunque nel pieno controllo di legalità e sicurezza del partito e, conseguentemente, dello Stato.

Emblematico da questo punto di vista è anche l'investimento per la nuova base cinese a Gibuti, ben spiegato dal generale Stephen Townsend, comandante dell'Africa Command (Africom), alla commissione per le Forze armate della Camera Usa: «La Cina emerge come la forza economica esterna dominante in Africa e i suoi investimenti là stanno superando quelli degli Stati Uniti e dei suoi alleati. La Cina usa il suo peso economico anche per offrire prestiti sfavorevoli ai Paesi africani, che funzionano come trappole del debito che aiutano a garantire l'accesso di Pechino alle infrastrutture chiave. Sono letteralmente ovunque nel continente».

Gibuti è una piccola nazione stretta tra Somalia, Etiopia ed Eritrea, ma collocata in posizione che definire strategica sarebbe poco, poiché è esattamente di fronte allo Yemen, nel punto più stretto dell'ingresso al Mar Rosso (che vale 20 mila passaggi di navi commerciali all'anno, al netto dell'emergenza Houthi degli ultimi mesi). Gibuti vive anche, o forse soprattutto, nell'affittare spazi per basi militari, a cominciare dalla più imponente sotto controllo americano nell'intero continente africano, cioè Camp Lemonnier, che ospita il comando Africom, una nutrita rappresentanza di forze speciali pronte a intervenire nell'intero quadrante; e poi ancora droni, elicotteri e aerei da combattimento. Dal 2017, però, anche la Cina è presente a Gibuti, in località Dawalih, non molto lontano dall'ingresso della base americana. I cinesi qui hanno costruito anche un molo di quasi 700 metri di lunghezza, capace quindi di ospitare guarda un po' delle portaerei (non sono ancora arrivate, ma tutto fa pensare che accadrà in un momento non lontano).

***

Insomma, molti fatti convergono verso un unico punto di sintesi: Pechino si sta attrezzando per giocare da protagonista in tutti i teatri. Non ha ancora la forza navale per farlo, e quindi mostra una certa prudenza fuori dalla zona in cui si sente più forte, cioè i mari prospicenti le proprie coste, dove invece l'atteggiamento è diventato assai minaccioso (come sanno bene a Taiwan). Ma con oggettività possiamo dire che è solo questione di tempo.

10.
L'esercito del Modi

Mentre tutto il mondo si concentra sui dossier che fanno notizia, dal conflitto in Ucraina al Medio Oriente, per arrivare a Taiwan, un po' sottotraccia si va delineando la strategia di quella che ambisce a essere quanto prima la terza potenza nazionale del mondo, cioè l'India del suo primo ministro Narendra Modi.

Abbiamo già descritto l'evoluzione in senso nazionalista, identitario e religioso di Modi, sulla quale però occorre spendere qualche parola in più. A mio avviso la lettura prevalente nel mondo liberal occidentale rischia di non cogliere il fenomeno nella sua vastità e ha molte possibilità di sottovalutarne la profondità.

L'India è lanciata verso il futuro ed è un contenitore incredibile di progresso. Ma tutto ciò conduce anche a una reazione identitaria in cui convivono fermenti diversi: dal ritrovato orgoglio di grande potenza alla ricerca di radici per muoversi nel mondo globalizzato, dall'uso strumentale della religione a fini politici (come se fosse la prima volta... e comunque leader religiosi di ogni tempo si sono lasciati usare con complice acquiescenza, come ben dimostra il Patriarca ortodosso russo ogni giorno) alla necessità di non abbandonare una certa dimensione spirituale che molte persone hanno, davanti a un mondo nel quale la dimensione materiale può apparire soffocante.

Da qui la campagna elettorale per il terzo mandato, che Modi ha aperto ufficialmente con il grande evento di gennaio 2024 al tempio di *Ayodhya*. Inevitabilmente, questo approccio si trasferisce anche in ambito militare, dove i piani indiani sono estremamente ambiziosi: intanto, lo si comprende benissimo dalle posizioni in classifica, dove l'India è già al quarto posto dopo Usa, Cina e Russia per spesa complessiva, ma è al primo posto per quota percentuale delle importazioni, con un ragguardevole 11% sul totale mondiale degli armamenti venduti sul mercato internazionale.

Storicamente, il primo fornitore delle Forze armate indiane è la Russia, ma la situazione si è fatta più complicata dopo l'invasione dell'Ucraina. Da poco (2023) è attivo un accordo con l'americana *General Electric* per la produzione su suolo indiano di motori per i jet da combattimento. Si tratta del primo accordo in assoluto con l'estero per il colosso di Boston, segno inequivocabile di un avvicinamento tra New Delhi e Washington che il Cremlino sta cercando di contrastare in ogni modo. D'altra parte, l'India ha compensato con Mosca accrescendo gli acquisti di petrolio russo (approfittando peraltro dei forti sconti resi indispensabili dalle sanzioni occidentali).

L'elemento centrale da cogliere, però, va subito collegato allo spirito nazionalista che dà forma all'intera strategia del governo in carica. Ed è riassumibile in un'espressione assai cara al premier Modi: *Make in India*. Si tratta di un programma lanciato nel 2014 e organizzato in 25 settori chiave, volto a incoraggiare l'afflusso di capitali dall'estero per avviare produzioni in loco, con robuste agevolazioni di carattere fiscale e imponenti semplificazioni sul versante amministrativo e delle autorizzazioni. Come spesso in Oriente, i simboli giocano un ruolo primario: ecco quindi spiegato perché il logo del programma è un leone, spavaldo e grintoso.

★★★

Può il fronte militare restare fuori da tutto questo fervore d'iniziative? Certo che no, in una nazione che ha visto crescere il Pil di quasi il 7% l'anno tra il 2010 e il 2019, per ripartire di slancio dopo lo stop del 2020 con un +9% del 2021 e +7,2% nel 2022.

Ne è metallica «incarnazione» la portaerei *Vikrant*, operativa dalla fine del 2022 e interamente costruita in India da *Cochin Shipyard Limited* nei cantieri del sud, nello Stato del Kerala. Con 45 mila tonnellate di dislocamento, 262 metri di lunghezza e 1.600 persone a bordo, è certamente l'orgoglio non solo della Marina militare indiana (*Bhāratīya Nāu Senā*) ma di tutte le Forze armate, anche se ancora non dispone di un gruppo di velivoli unicamente dedicati per le operazioni che si svolgono a bordo. Allo stato, utilizza lo squadrone dell'altra portaerei in dotazione, la vecchia ma ampiamente rimodernata *Vikramaditya*, una volta sovietica *Baku* e poi russa *Admiral Gorshkov*, acquistata nel 2004 e rimessa in mare dieci anni dopo. La *Vikrant* può alloggiare 30 velivoli, di cui 26 ad ala fissa e 4 elicotteri, collocandosi così nel secondo girone esistente a livello mondiale, cioè quello delle «portaerei» (e non in quello delle «Super portaerei»). Per capirci, è lo stesso girone delle italiane *Cavour* e della nuovissima *Nave Trieste* della nostra Marina militare, anche se quest'ultima è ufficialmente classificata come «portaelicotteri» (ma possono operare gli F-35 B a decollo quasi verticale).

Circa un anno fa, a febbraio 2023, un caccia leggero della *Hindustan Aeronautics* atterra per la prima volta sulla *Vikrant*, decollando poco dopo dallo ski-jump della nave, seguito a breve distanza di tempo da un Mig-29 di fabbricazione russa (l'aviazione indiana ne impiega non meno di 40). Si tratta dei primi movimenti operativi di velivoli sulla nave, segno di un'entrata ormai effettiva in servizio. I progetti indiani però non si fermano qui, perché mentre si valuta se acquistare caccia francesi (*Rafale*) o americani (*Boeing*), si lavora anche al progetto di un'ulteriore portaerei, questa volta di classe superiore. È la *Vishant* da 65 mila tonnellate, destinata a diventare la nave ammiraglia di tutta la flotta. Il tutto in omaggio alla dottrina che vede come necessaria la presenza di almeno una portaerei nelle due squadre navali che operano a est e a ovest del subcontinente indiano, per non parlare poi di missioni più ambiziose verso i mari cinesi.

Già, la Cina. Lungo i 3.200 chilometri di confine tra i due Paesi i rapporti non sono dei migliori, come sappiamo. E in questo anche la leadership «demografica» gioca un ruolo preciso, con l'India sostanzialmente già arrivata a essere la nazione più popolosa del mondo e, di conseguenza, osservata speciale di Pechino.

Il tema è emerso chiaramente dalle parole del segretario americano alla Difesa Lloyd Austin, pronunciate ai primi di giugno 2023, alla fine della sua ultima visita ufficiale in India, durante la conferenza stampa con il suo collega della Difesa Rajnath Singh, e a poche settimane dall'arrivo di Narendra Modi alla Casa Bianca il 22 giugno. Già il comunicato ufficiale dell'ambasciata americana era stato piuttosto chiaro, quando diceva che «l'iniziativa mira a cambiare il paradigma della cooperazione nel settore della Difesa tra i due Paesi. La road map accelererà la cooperazione tecnologica e la co-produzione in aree quali i sistemi di combattimento aereo e di mobilità terrestre, l'intelligence, la sorveglianza e la ricognizione, le munizioni e il dominio sottomarino».

E le parole di Austin lo hanno sottolineato ancor più: «Il partenariato di Difesa tra Stati Uniti e India è importante perché ci troviamo di fronte a un mondo in rapida evoluzione. Vediamo la prepotenza e la coercizione della Repubblica popolare cinese, l'aggressione russa contro l'Ucraina che cerca di ridisegnare i confini con la forza e minaccia la sovranità nazionale, nonché le sfide transnazionali come il terrorismo e il cambiamento climatico. Le democrazie devono quindi riunirsi non solo intorno ai nostri interessi comuni, ma anche ai nostri valori condivisi».

★★★

Con i suoi quasi quattro milioni di persone a vario titolo facenti parte delle Forze armate, l'India giocherà - o comunque cercherà di giocare - un ruolo da protagonista su tutti i dossier più importanti, a cominciare da quelli asiatici. Certo, ha ancora ritardi da colmare. Ma la sua massa critica entra come un panzer anche nelle guerre moderne, poiché non è vero che tutto si gioca con il joystick.

11.
I tamburi di guerra degli Ayatollah

«Il motivo di questa operazione è che il regime sionista ha superato una linea rossa per noi inaccettabile. Il fatto che il regime sionista abbia attaccato la sezione consolare della nostra ambasciata a Damasco e i nostri rappresentanti legali presenti in quel Paese su invito del governo siriano, è un'escalation che tutti i Paesi, a eccezione di due o tre sostenitori del regime sionista, hanno condannato».

Queste le parole del Capo di Stato Maggiore delle Forze armate dell'Iran, Mohammad Bagheri, all'indomani dell'attacco del 13 aprile 2024, cioè la risposta di Teheran al colpo durissimo subito a Damasco dieci giorni prima, quando due F-35 israeliani colpiscono un edificio adiacente all'ambasciata iraniana decapitando il vertice dei Pasdaran, corpo militare d'élite che è parte essenziale del sistema di potere nato dopo la Rivoluzione islamica del 1979.

Quello pronunciato dalla figura di più alto grado militare dell'Iran è un discorso fondamentale per comprendere i fatti più recenti e, soprattutto, per cogliere la loro portata in chiave futura. Per questo lo analizziamo qui nel dettaglio, grazie al fatto che è stato pubblicato e tradotto dal brillante sito *Legrandcontinent.eu*, che ha provveduto anche a commentarlo con lucidità. Ed è da questo discorso che occorre partire per valutare anche la capacità militare dell'Iran, che proprio nella notte del 13 aprile si è presentata al mondo intero con un'azione spettacolare e dalle caratteristiche del tutto nuove per il teatro mediorientale.

Operazione che innanzitutto va ricordata nelle sue dimensioni, riassunte da Avichay Adraee, portavoce dell'esercito israeliano: «170 droni, 30 missili da crociera, 120 missili balistici». Di questi, meno di dieci hanno superato i vari livelli di sbarramento aereo, messi in atto da una complessa operazione difensiva di cui non si conoscono i contorni precisi, ma che certamente ha visto all'opera con vario grado di coinvolgimento non solo forze Usa, ma anche inglesi e francesi, senza trascurare un contributo saudita e giordano di cui forse sapremo qualcosa in più nei prossimi mesi.

Contano soprattutto due passaggi della dichiarazione del generale Bagheri. Il primo è l'esplicita affermazione di superamento della «linea rossa», rilevante non nella sua oggettività (che non esiste, perché non c'è una linea rossa universalmente accettata, ma essa è per definizione soggettiva) quanto piuttosto nel suo contenuto: politico più che militare, perché indica un punto di non ritorno che, per quanto unilateralmente proposto, finisce per avere degli effetti concreti. Il secondo è l'esplicito contenuto di propaganda, poiché è del tutto falsa la rappresentazione di una condanna diffusa tra «tutti i Paesi» a eccezione di «due o tre». Bagheri però continua con altre espressioni molto interessanti:

> «A quest'azione bisognava rispondere. La Guida Suprema dell'Iran ha dichiarato che una punizione doveva essere inflitta. Grazie a Dio, quest'operazione è stata portata a termine con successo, grazie agli sforzi delle Guardie Rivoluzionarie e all'aiuto di altre Forze armate».

Qui c'è tutto l'ancoraggio ai punti fermi del sistema di potere iraniano, cioè appunto la Guida Suprema, il richiamo alla volontà divina e il ruolo della Guardie della Rivoluzione, non a caso il corpo militare di gran lunga più politicizzato, nato proprio a causa della diffidenza di Khomeini verso i militari cresciuti negli anni dello Scià. Andiamo avanti, perché c'è molto altro.

> «Non abbiamo intenzione di continuare l'operazione contro Israele. L'*Iron Dome* non è stato in grado di contrastare la nostra operazione in modo significativo. Riteniamo quindi che essa abbia raggiunto i suoi obiettivi e sia ora conclusa. Se il regime sionista effettuerà un'altra operazione, la nostra risposta sarà molto più forte. Abbiamo cercato di rendere l'operazione punitiva in modo proporzionato: i centri abitati non sono stati presi di mira».

Cosa ci dice questo passaggio? Che l'Iran tiene conto di un sistema di relazioni internazionali che cerca di contrastare l'esplosione definitiva di un conflitto regionale che potrebbe infiammare le piazze del Cairo, di Amman o di Ryiad; quindi, si sforza di mostrarsi «responsabile».

Bagheri però mente quando rivendica il successo tattico dell'operazione, perché non è affatto vero che il sistema di difesa israeliano ha fatto cilecca. Però ci dice che per il momento può bastare, ributtando così la palla a Gerusalemme, non senza confermare che, nel caso di una reazione israeliana, la risposta sarà ancora più dura. Sappiamo che Israele ha risposto con estrema moderazione, dunque ha sostanzialmente scelto la via della de-escalation. Ma passiamo oltre.

> «Siamo definitivamente pronti a difendere la nostra terra. Le nostre Forze armate sono pienamente preparate e speriamo che questa operazione sia un precursore della vittoria per la nazione palestinese oppressa. Abbiamo inviato un messaggio attraverso l'ambasciata svizzera: se l'America collabora con il regime sionista attraverso le sue basi militari, le basi militari americane non saranno sicure nella regione».

Due aspetti fondamentali: il collegamento con la causa palestinese e la minaccia agli americani (con i quali, però, si mantengono aperti i canali di comunicazione). Tutto ciò serve a ribadire che l'Iran tiene alta la bandiera dell'Islam oppresso e che il nemico principale è sempre

Washington, senza il cui appoggio spazzare via Israele sarebbe relativamente facile. E ancora.

> «L'operazione è stata pianificata per colpire sia il principale centro di intelligence che forniva le informazioni necessarie ai sionisti, sia la base aerea di Nevatim, dove l'aereo F-35 è stato utilizzato per colpire il nostro consolato a Damasco. Questi due centri sono stati in gran parte distrutti e sono ora inattivi. In questa operazione è stato utilizzato un gran numero di droni, missili da crociera e missili balistici. Sono state impiegate tattiche studiate in modo profondo, affinché né l'*Iron Dome* né lo scudo di difesa del regime sionista fossero in grado di contrastare significativamente l'operazione».

Intelligence e F-35, si lasci perdere tutto il resto. Anche l'assoluta inesattezza sugli effetti del bombardamento ha poca importanza. Bagheri ci dice qui qualcosa di molto importante: le informazioni e la tecnologia sono ancora a vantaggio del fronte avverso, per questo il (loro) successo non è ancora a portata di mano. Ma ci dice anche che intendono lavorarci per fare meglio la prossima volta. Non cogliere questa sfumatura è da irresponsabili. E poi, un altro passaggio importante.

> «L'America ha dichiarato di non essere stata a conoscenza dell'operazione a Damasco, ma in realtà l'operazione è stata condotta con il suo via libera. L'America ha annunciato di non voler aumentare le tensioni nella regione, ma le nostre

> informazioni indicano che ha agito con tutte le sue forze per difendere il regime sionista e neutralizzare la nostra operazione. Tuttavia, non hanno potuto fare nulla e la nostra operazione ha raggiunto il suo obiettivo».

È dal 1979 che il nemico è uno e uno solo. Trentacinque anni dopo, le cose stanno come allora. E il punto sostanziale è che gli Usa dispongono dell'unico apparato militare e di intelligence in grado di operare in ogni continente, e in particolare in Medio Oriente; ragion per cui sono l'unico ostacolo reale alla cancellazione dalla faccia della Terra dello Stato d'Israele come premessa fondamentale per il completo dominio islamico sulla regione. Dominio da intendersi nella versione di Teheran che, a giudizio degli iraniani, è l'unica autentica. Proseguiamo.

> «Consideriamo questa operazione conclusa e terminata. Non abbiamo intenzione di continuarla, ma se il regime sionista intraprenderà qualsiasi azione contro la Repubblica Islamica, sia all'interno del Paese che contro centri appartenenti all'Iran, in Siria o altrove, la prossima risposta sarà molto più grande di questa. Le nostre capacità in termini di missili e droni erano dieci volte superiori a quelle dispiegate in questa operazione contro il regime sionista, ma abbiamo cercato di condurre questa operazione punitiva in modo proporzionato: la popolazione e i centri economici non sono stati presi di mira».

C'è un po' di spavalderia in queste parole. Ma c'è anche un messaggio essenziale diretto al mondo intero: avete visto solo un assaggio di quello che possiamo fare. Anche perché noi (l'Iran) siamo responsabili e attacchiamo solo obiettivi militari, non come fate voi (a Gaza). Infine, l'ultimo passaggio.

> «Questa operazione è stata condotta dall'Irgc, ma l'Irgc e l'esercito nazionale sono congiuntamente responsabili della difesa del Paese. Le Forze armate sono pienamente preparate, e interverranno nuovamente se necessario. Se il regime sionista attacca, verrà contrattaccato dall'Iran. Con questa operazione è stata stabilita una nuova equazione. Questa nuova equazione significa che, d'ora in poi, quando il regime sionista attaccherà i nostri interessi, le nostre proprietà o i nostri cittadini, la Repubblica Islamica contrattaccherà immediatamente».

Adesso è ancor più chiaro il messaggio. Il riferimento alla nuova equazione significa che siamo in un nuovo mondo, quello nel quale l'Iran cambia radicalmente strategia. Sin qui ha colpito Israele attraverso i suoi alleati locali, in particolare il movimento armato Hezbollah del Libano e le milizie Houthi dello Yemen. Ma adesso afferma che ogni azione militare diretta è possibile: il 13 aprile ha segnato un punto di non ritorno.

E, infatti, ecco cosa dice il successivo 16 aprile il portavoce della Commissione per la Sicurezza nazionale del parlamento iraniano, Abolfazl Amouei:

> «I sionisti farebbero meglio a comportarsi razionalmente, perché se dovessero intraprendere un'azione militare contro Teheran in risposta all'attacco dell'Iran contro Israele, siamo pronti a usare un'arma che non abbiamo mai usato prima. Abbiamo piani per tutti gli scenari e agiremo con coraggio. Il nostro messaggio è la pace e allo stesso tempo la preparazione militare dell'Iran».

★★★

Chiarite le intenzioni, ci resta da esplorare un aspetto tutt'altro che secondario. Quanto di questo atteggiamento non certo pacifico poggia su una struttura militare in grado di reggere il peso delle parole pronunciate? Per meglio dire, qual è la reale consistenza delle Forze armate iraniane?

Proviamo a rispondere, senza esagerare negli aspetti tecnici. Intanto, qualche numero e qualche riferimento storico. Sotto le armi in Iran c'è un ragguardevole numero di persone, stimabile in circa 800 mila effettivi, la gran parte dei quali (circa 600 mila) in forza all'esercito. A esse, occorre aggiungere circa 125 mila appartenenti al Corpo delle Guardie della Rivoluzione Islamica, peraltro dotato di una sua Marina e di una sua Aviazione separate da quelle tradizionali. Difficile capire quale percentuale di questa forza piuttosto imponente sia inquadrata in reparti completi e ben addestrati; ma è comunque fuor di dubbio che stiamo parlando di una massa poderosa, che ha numericamente pochissimi rivali nell'area del Medio Oriente. Essenzialmente due: l'Egitto e la Turchia.

L'embargo occidentale scattato dopo la presa del potere da parte degli ayatollah ha comportato negli anni Ottanta e Novanta un complesso problema da risolvere per i vertici militari, cioè come provvedere alla progressiva sostituzione del materiale Nato con forniture russe e cinesi. Ciò è avvenuto non senza complicazioni logistiche e sprechi, ma nel frattempo ha preso corpo la seconda decisione strategica del regime, attuata incaricando proprio le Guardie della Rivoluzione di provvedere alla nascita di un'industria nazionale in grado di produrre autonomamente armamenti di ogni genere.

Quindi nel 1992 in Iran s'iniziano a costruire tank, sistemi radar, missili guidati, sottomarini, navi e velivoli da combattimento. Il settore in cui si specializza l'industria nazionale è però certamente quello dei missili balistici, il cui programma operativo prende il via con una robusta esercitazione (resa pubblica dai canali televisivi di Stato) del novembre 2006, quando fanno l'esordio sulla scena internazionale lo *Shahab-2* e lo *Shahab-3* (oggi siamo arrivati alla versione 6): parliamo di missili che possono colpire ben oltre i mille chilometri di distanza e, nei modelli più grandi, arrivare fino a duemila chilometri di gittata.

Peraltro, il regime ama esibire queste armi sui mezzi di comunicazione, come avviene il 25 maggio 2023 quando il ministero della Difesa presenta in diretta tv il nuovo missile *Kheibar*, pronto a volare per 2 mila chilometri con testate esplosive da oltre una tonnellata di peso (il missile prende il nome da una località dell'Arabia Saudita dove nel VII secolo l'esercito del profeta Maometto sconfisse gli abitanti ebrei).

A breve distanza arriva anche la cerimonia per presentare il primo missile ipersonico (cioè capace di volare a una velocità multipla di quella del suono): annunciato come tra i modelli più veloci del mondo, viene dipinto come inafferrabile dai sistemi difensivi israeliani (ovviamente, è sempre il ministero della Difesa iraniano a diffondere queste informazioni).

Qui basti dire che è ragionevole ritenere che questo dovrebbe essere l'elemento di più solida consistenza delle Forze armate iraniane, almeno nella loro proiezione offensiva. È cioè verosimile che, con l'appoggio di tecnologie russe, cinesi e nordcoreane, l'Iran oggi si ritenga in possesso di un significativo arsenale missilistico, probabilmente tra i più agguerriti del quadrante mediorientale. Ai quali vanno aggiunte quelle migliaia di droni, ormai orgoglio della produzione nazionale anche in virtù del basso costo a parità di efficacia.

★★★

Infine, occorre dire qualcosa sul programma nucleare che le autorità iraniane hanno sempre negato essere indirizzato a usi militari. Israele ha sempre contestato tale approccio, riuscendo a sabotare più volte i laboratori e spesso colpendo anche i singoli tecnici e scienziati incaricati della missione.

Allo stato attuale, nessuno è in grado di confermare o smentire, però abbiamo un report Aiea (Agenzia Internazionale dell'Energia Atomica) del dicembre 2023 che afferma di avere informazioni su un'impennata di produzione iraniana di uranio arricchito al 60%, ossia ben diverso da quello che serve per produrre energia elettrica (dove basta un arricchimento pari al 2 o 3%), ed esattamente quello che si usa per raggiungere il confezionamento di potenti ordigni nucleari. Anche in questo caso, c'è poco spazio per interpretazioni pacifiste o eleganti.

TERZA PARTE

Interludio

Le macchine mi colgono di sorpresa
con grande frequenza.

Alan Turing

La tempesta perfetta

Proviamo a fare un viaggio nel tempo e torniamo indietro di quasi due secoli. Nel 1840 spostarsi da una nazione a un'altra, così come all'interno dello stesso Paese, è impresa ardua e riservata a pochi: un milanese vuole visitare Piazza San Marco a Venezia? Sono 36 ore di viaggio. Bisogna spedire un carico merci da Milano a Firenze? Anche due mesi. Per non parlare di intraprendere un viaggio transoceanico alla scoperta di New York.

Un mondo lento, dove anche comunicare può essere fatto «velocemente» solo grazie a strumenti rudimentali come il telegrafo, che è però strumento a disposizione di una quota modesta della popolazione. Eppure, solo due decenni dopo, nel 1859 - per la precisione il primo settembre - si assiste a un evento unico nel suo genere, che manda in tilt per mesi l'intero (seppur ridotto) sistema tecnologico che connette quell'1,2 miliardi di abitanti del Pianeta dell'epoca.

Sto parlando della *Tempesta di Carrington*: un'eruzione solare così forte da rendere visibile l'aurora boreale da Roma a Cuba (deve il suo nome a Richard Cristopher Carrington, astronomo inglese che fu il primo a dare notizia di tale evento). Stiamo parlando di un'intensità oltre dieci volte superiore a qualsiasi altra tempesta solare mai verificatasi. Il risultato? La fusione di molti cavi sottomarini, che induce al blackout totale dei sistemi di comunicazione. Per fortuna, il mondo allora era ben diverso da quello di oggi (non c'erano poi così tanti cavi da fondere) e, di conseguenza, la *Tempesta di Carrington* non ebbe un impatto diretto né tantomeno drastico sulla vita dei cittadini, che poterono proseguire nella loro vita di sempre, come se nulla fosse accaduto. Ma oggi, cosa succederebbe?

Le infrastrutture elettriche globali, cuore pulsante del nostro mondo interconnesso, subirebbero danni catastrofici. La rete elettrica mondiale, cruciale per il funzionamento di (quasi) ogni tecnologia, verrebbe distrutta. Senza elettricità, i servizi di base e le comodità quotidiane cui siamo abituati diventerebbero inaccessibili: Internet sparirebbe, così come i sistemi di pagamento elettronico, con i bancomat e le carte di credito che cesserebbero di funzionare; persino le funzioni domestiche automatizzate si arresterebbero, trasformando compiti quotidiani in sfide impossibili.

Non è tutto. Anche la distribuzione di acqua e gas sarebbe gravemente compromessa, mettendo a rischio la salute pubblica e la sicurezza di intere popolazioni. Senza i sistemi di raffreddamento e riscaldamento, gestiti elettronicamente, saremmo inoltre esposti a rischi significativi legati alle condizioni meteorologiche estreme. Infine, la scomparsa dei social network, per quanto possa sembrare un male minore, sarebbe esempio inequivocabile di perdita della nostra capacità di rimanere connessi con il mondo.

A solo un secolo e mezzo di distanza, dunque, una nuova eruzione solare quale la *Tempesta di Carrington* metterebbe in ginocchio la società contemporanea, immergendola in un caos profondo. La capacità degli Stati di mantenere l'ordine e fornire servizi essenziali sarebbe compromessa.

Il risultato produrrebbe un certo grado di anarchia, tale da rendere la sicurezza il bene più prezioso (oltre al controllo delle risorse). Ma dovremmo dire addio a satelliti, droni, sistemi di volo, così come alla nostra vita attuale, almeno per un certo periodo. I *Lloyd's* di Londra hanno già commissionato uno studio sull'entità di un simile danno per il Nord America: ne è uscita la cifra di 2,6 trilioni di dollari.

Ecco, dunque, come questa vicenda ci racconta in modo spietato quanto ormai noi *siamo* tecnologia, in un rapporto di dipendenza che non ha eguali nel passato. Un rapporto che, oltretutto, è in continua crescita: l'Intelligenza Artificiale, la realtà aumentata e la *blockchain* sono solo esempi recenti di un mondo che corre in una direzione soltanto, quella del progresso tecnologico.

Ma *progresso* - abbiamo imparato a capirlo «grazie» ai numerosi conflitti recenti - significa competizione, che a sua volta significa relazioni geopolitiche delicate, pilastro ineludibile delle società (più o meno democratiche) di oggi tali da trasformare batterie, terre rare e microchip da meri oggetti produttivi a sottili strumenti di pressione politica.

Quanto gli Stati saranno in grado di guardare al futuro determinerà la loro posizione sul nastro di partenza (ma anche la resilienza delle loro società di fronte a potenziali attacchi o catastrofi tecnologiche). La questione, dunque, non è se l'Italia (e più in generale l'Europa) stia giocando in un «campionato minore» rispetto ai giganti tecnologici globali, piuttosto come può posizionarsi strategicamente per mitigare i rischi e sfruttare le opportunità offerte da questa nuova era.

Perché dico questo? Alcuni dati del *Global Innovation Index* 2023 della World Intellectual Property Organization, che misura proprio l'innovazione, ci aiutano a capirlo. L'Italia si posiziona al 25 esimo posto con 46,6 punti, vicina a Malta e Cipro (non servono ulteriori parole come comprenderne la problematicità). Il podio, invece, è composto da Svizzera (67,6), Svezia (64,2) e Stati Uniti (63,5).

Se invece ci spostiamo sulla transizione digitale (tema molto caro agli indirizzi politici dei governi di gran parte del mondo), la nostra penisola arriva 18 esima tra tutti i Paesi europei (sopra solo agli Stati dell'Est). In particolare, i campi in cui l'Italia dimostra maggiore carenza sono il capitale umano e i servizi pubblici digitali. Solo il 46% degli italiani, infatti, possiede delle competenze digitali di base (contro il 54% della media Ue).

Se a ciò aggiungiamo che in Italia solo l'1,4% dei laureati sceglie discipline Ict (è il dato più basso dell'intera Unione) mentre il mercato del lavoro di questi specialisti occupa il 3,8% della forza lavoro totale, ecco che la frittata è fatta. Ed ecco quindi che, stante questa realtà e con simili dati, ci sono almeno due considerazioni che è opportuno fare.

La prima riguarda la grande sfida che la tecnologia impone sul lato educativo. Garantire accesso e formazione dei cittadini a tecnologie sempre più nuove, porta certamente sviluppo a uno Stato. Il divario tecnologico è invece fonte d'instabilità e di scarsa visione del domani, e non rendersene conto ci farà partire zoppi nei cento metri dell'innovazione.

La seconda, invece, è tutta geopolitica. Perché tecnologia, come abbiamo già detto (e come vedremo nelle storie a seguire), significa approvvigionamento di materie prime critiche per la costruzione di nuovi dispositivi, oggi in mano ai grandi player quali Cina e Usa; ma significa anche trovare un livello di regolamentazione equo e che sappia correre alla velocità del «nuovo». E anche qui cosa e come guardare agli altri è esercizio comune. Mi fermo qua, lasciando spazio a vicende in grado di raccontare molto più di qualsiasi altra parola.

12.
Batteria delle mie brame

Criticare va bene, ma serve anche saper riconoscere il buono quando c'è. Ecco allora una bella storia italiana, probabilmente in grado di aprire un nuovo capitolo a livello internazionale.

Siamo in Sardegna, anno 2019. Nasce un progetto che potrebbe delineare il futuro dello stoccaggio dell'energia a livello globale. Stiamo parlando di *Energy Dome*, azienda fondata dall'ingegnere Claudio Spadacini. Cos'ha di tanto speciale questa realtà? La sua forza risiede in una tecnologia tanto audace quanto semplice: la *CO2 Battery*. Non una batteria nel senso tradizionale del termine, ma un sistema rivoluzionario che sfrutta l'anidride carbonica come mezzo per immagazzinare e rilasciare energia. Il processo alla base è un gioco di pressioni e temperature, dove la CO_2 viene compressa e liquefatta, immagazzinando energia in eccesso, per poi essere rilasciata verso una turbina che genera elettricità quando la domanda ne richiede.

Ecco, quindi, che a rendere questa tecnologia così interessante è la capacità di non utilizzare tutte quei materiali rari (litio e cobalto in primis) di cui le batterie tradizionali sono costituite. Anzi, per essere più precisi, non c'è proprio bisogno di quel tipo di batterie. Questo procedimento rivoluziona l'attuale sistema di accumulo, necessario quando abbiamo di fronte impianti di energia rinnovabile (sole, vento) che non possono funzionare «a domanda».

E perché proprio in Sardegna? Ebbene, quando si parla d'indipendenza energetica le isole sono sempre i luoghi più interessati, dal momento che gli approvvigionamenti derivanti dalla terraferma rendono l'importazione più complessa e (soprattutto) costosa. E la Sardegna non è da meno, grazie alle due centrali a carbone (complessivamente, in Italia ne esistono solo 7) di Porto Torres e Portoscuso.

In questi ultimi anni, però, lo sviluppo delle energie rinnovabili - che fin dal 2000 vengono implementate sull'isola - ha fatto immaginare la possibilità che la Sardegna possa diventare indipendente dal punto di vista energetico senza l'utilizzo delle centrali a combustibile fossile. Oggi, infatti, oltre un terzo della domanda elettrica dell'isola è coperta da fonti rinnovabili, e grazie a queste capacità produttive insieme a quelle tradizionali, si genera un surplus di energia elettrica tale che circa il 30% della produzione sarda è esportato attraverso i cavi sottomarini verso la penisola.

Questa «eccedenza» di energia prodotta insieme con la volontà di de-carbonizzare l'isola, stanno portando alla chiusura programmata delle due centrali a carbone prevista per il 2025. Transizione che necessiterà di una sempre maggiore presenza di fonti di energie rinnovabili, ma anche di tecnologie come quella di *Energy Dome*.

Già, perché le rinnovabili hanno un grande problema: non sono costanti. Durante le ore diurne e in una giornata ventilata i pannelli solari e le pale eoliche possono produrre una grande quantità di energia che spesso porta a un surplus sulla rete elettrica. Per gestire questa eccedenza le batterie sono quindi strumento fondamentale per accumulare energia e rilasciarla quando il sole tramonta e le famiglie accendono luci, cucine e televisioni. Insomma, il percorso di *Energy Dome* promette bene, come dimostra la decisione ufficializzata a dicembre 2023 di inserirla nella *short list* (cortissima, fatta da due soggetti) di imprese riconosciute e finanziate dalla prima tranche di accordo tra Ue, *Breaktrough Energy* (Bill Gates) e Banca Europea per gli Investimenti.

★★★

Alcune domande, a questo punto, sorgono spontanee: perché non vengono realizzati già oggi impianti di stoccaggio con le batterie tradizionali? Cosa le rende «non efficienti» per questi fini?

Le risposte sono due. Da un lato bisogna capire come funziona il mercato delle batterie - che al giorno d'oggi si appoggia in gran parte sulle batterie agli ioni di litio, la cui efficienza, soprattutto per il mercato dei veicoli elettrici, nasconde però limitazioni non trascurabili. Pur essendo al centro dell'innovazione odierna, questo tipo di batterie affronta una sfida significativa legata alla loro durata: già nei primi anni dall'acquisto, l'efficienza inizia a calare fino a renderle praticamente obsolete in meno di un decennio. Questo problema, pur mitigato nella quotidianità dei veicoli elettrici (la cui vita utile si aggira mediamente sotto i dieci anni) assume una rilevanza critica per applicazioni a lungo termine che richiedono affidabilità e costanza di prestazione, come nel caso di strutture a supporto della rete elettrica.

Dall'altro lato, poi, va considerata la dipendenza di queste batterie da materiali rari come litio, cobalto e nichel, la cui estrazione è concentrata nelle mani di pochi attori globali. Per dare qualche dato: nel 2022 la domanda di litio ha continuato a superare l'offerta, nonostante un incremento produttivo del 180% rispetto al 2017. Le quote di domanda per le batterie per veicoli elettrici hanno raggiunto circa il 60% per il litio, il 30% per il cobalto e il 10% per il nichel, evidenziando una marcata crescita dall'era pre-auto elettriche.

Se guardiamo invece alla produzione delle classiche batterie agli ioni di litio nel suo complesso, notiamo che il monopolio è, senza troppe sorprese, in mano alla Cina con il 54% della produzione mondiale (sono cinesi i primi due produttori mondiali, cioè *Catl* e *Byd*), seguita per distacco dagli Usa (15%) e dalla Germania (6%). Il prezzo del lito è calato nel 2023, il cui prezzo medio si è attestato a 130 mila yuan per tonnellata, contro i 590 mila raggiunti al picco (nel 2022), in un mercato che però ha visto crescere del 44% la capacità globale delle batterie prodotte. Ciò è dovuto essenzialmente all'accresciuta disponibilità di produzioni cinesi, presenti in enormi quantità anche se di non eccelsa qualità.

Per dare comunque il senso della battaglia in corso per accaparrarsi risorse, basta segnalare gli ampliamenti degli impianti estrattivi di Grota do Cirillo (Brasile) e Goulamina (Mali), dove si ragiona d'investimenti per miliardi di dollari. Ecco, dunque, che per combattere la dipendenza dai grandi player internazionali e aumentare la competitività servono nuove modalità di stoccaggio dell'energia.

Un altro esempio utile è la tecnologia del fosfato di ferro e litio (Lfp) che nell'ultimo decennio ha raggiunto la sua più alta quota di mercato grazie alla preferenza dei produttori cinesi e alla sua adozione da parte di giganti come *Tesla*, che ha incrementato l'uso di batterie Lfp dal 20% al 30% tra 2021 e 2022.

Tornando al caso sardo, *Energy Dome* non è l'unico gioiello tutto italiano a generare innovazioni nel campo delle batterie. Nel Porto di Marghera, infatti, è presente *Alkeemia*, una realtà che ha proprio la visione audace di reinventare il mondo dell'accumulo energetico. E, per farlo, l'azienda veneziana sta investendo oltre 100 milioni di euro da un lato per trasformare l'attuale sito industriale in un'avanguardistica piattaforma europea per la ricerca e lo sviluppo legato al fluoro e ai dispositivi agli ioni di litio; dall'altro per portare novità nel campo della produzione dei sali, indispensabili per il processo di accumulo energetico.

L'obiettivo è estremamente ambizioso, ma non per questo meno realistico: soddisfare inizialmente il 10% del fabbisogno del mercato europeo delle auto elettriche, per poi aumentare progressivamente la propria quota di mercato.

***

Insomma, da queste (e molte altre) storie si capisce quanto delicata sia la partita sulle batterie. Partita in grado di coinvolgere nodi geopolitici tutt'altro che irrilevanti. Ma è anche una partita che, differentemente da quanto si pensa, non si gioca solo sulle risorse e sui materiali, ma anche sulla capacità di trovare nuove, ingegnose vie. Possiamo quindi concludere che non tutto è perduto? Sì che possiamo, ma c'è tanto da lavorare.

13.
Se l'IA batte Freud

In un laboratorio alla periferia di Shenzhen, nel profondo sud della Cina a un passo da Hong Kong, un gruppo di ricercatori si affaccia sull'alba di una nuova era. Nel giugno 2023 qui nasce un progetto chiamato *DreamDiffusion* che promette di decifrare i segnali elettroencefalografici (Eeg) del cervello umano per generare immagini di alta qualità. Un vero e proprio viaggio visivo nei recessi più profondi dei nostri sogni, tale da rendere il magnifico *Inception* di Cristopher Nolan una pellicola non più così fantascientifica.

Cerchiamo di capirci qualcosa in più. La tecnologia alla base di *DreamDiffusion* si basa su modelli pre-addestrati di generazione di figure testo-immagine, utilizzando una tecnica chiamata «modellazione del segnale temporale mascherato». Questo approccio permette di addestrare un codificatore Eeg per rappresentare efficacemente e robustamente i segnali cerebrali, superando sfide che hanno tradizionalmente ostacolato l'uso di questi segnali Eeg nella generazione di immagini.

Il vero salto qualitativo avviene con l'impiego dell'encoder di immagini *Clip*, che fornisce una supervisione aggiuntiva per allineare meglio Eeg, testo e immagini, consentendo di tradurre i pensieri in immagini con una fedeltà e una qualità senza precedenti. Insomma, per capirci, i ricercatori nel laboratorio cinese stanno provando a utilizzare l'Intelligenza Artificiale (IA) per visualizzare, attraverso la generazione di immagini ad alta risoluzione, i sogni.

Nonostante i risultati promettenti, il progetto *Dream-Diffusion* non è onnipotente. La rappresentazione degli Eeg fornisce informazioni a livello di categoria piuttosto che dettagli fini, e alcuni risultati possono non corrispondere perfettamente alle aspettative, riflettendo la complessità di tradurre l'attività cerebrale in immagini.

Tuttavia, questa storia ci racconta molto bene come, da *ChatGPT* in poi, siano stati compiuti dei grandissimi passi avanti nel campo dell'IA. Ed ecco che, mentre i ricercatori di Shenzhen continuano a perfezionare la loro creazione, a noi non rimane che osservare e cercare di comprendere come possiamo governare una tecnologia (e un futuro) in cui i nostri sogni più intimi potranno essere visualizzati, condivisi e forse persino compresi.

***

Cosa succederebbe se il governo cinese (ma non solo) decidesse di utilizzare questa tecnologia per leggere i sogni dei suoi cittadini? Cosa accadrebbe se un cittadino sognasse di commettere un omicidio o di intraprendere un'attività rivoluzionaria?

Le autorità potrebbero utilizzare queste informazioni per attuare misure repressive? E ancora: quanta parte di ciò che sogniamo può essere considerata, a tutti i fini, espressione cosciente della volontà?

Domande che, con il repentino evolversi dell'IA, saremo sempre più chiamati a porci, e che molto hanno a che fare con i concetti di privacy e di libertà che tanto sono cari alla nostra parte di mondo. Con la consapevolezza che governare un fenomeno non significhi necessariamente legiferare, è tuttavia utile provare a delineare una cornice di quanto sta accadendo in giro per il mondo. Partendo proprio dalla Cina.

Il Paese del Dragone è pioniere in tal senso con l'approvazione di leggi specifiche nel marzo 2022 per la regolamentazione dell'utilizzo degli algoritmi nei sistemi di raccomandazione online. Queste leggi richiedono che tali servizi promuovano standard etici e morali, siano responsabili e trasparenti, e «diffondano energia positiva». Tuttavia, questa normativa è (quasi) esclusivamente rivolta alle aziende che devono informare gli utenti quando vengono utilizzati algoritmi per determinare i contenuti visualizzati e offrire loro la possibilità di non essere oggetto di *targeting*.

L'approccio cinese, pur essendo all'avanguardia nel settore legislativo dell'IA, mette in luce uno scenario di controllo governativo aumentato, sollevando preoccupazioni sulla privacy e sulla libertà individuale. Le leggi cinesi, concentrandosi prevalentemente sul settore privato, pongono infatti l'accento sul controllo statale piuttosto che sulla protezione dell'utente. E ciò comporta la capacità del governo di Pechino di raccogliere dati, analizzarli (grazie all'IA) e utilizzarli per il controllo sociale che ben conosciamo.

Dall'altra parte dell'emisfero, gli Stati Uniti hanno avuto un rapporto complesso e frammentato in tal senso. Alcuni Stati si sono resi protagonisti nell'emanazione di leggi proprie sull'IA, la maggior parte delle quali si concentra sulla creazione di comitati per decidere come le agenzie statali possano utilizzare tali tecnologie e per studiarne gli effetti potenziali sulla forza lavoro e sui consumatori. Al contempo, le leggi statali in attesa di approvazione vanno oltre e cercano di regolare la responsabilità e la trasparenza dei sistemi IA, in particolare quando analizzano e prendono decisioni basate sui dati degli stessi consumatori.

A livello federale, invece, l'approccio degli Stati Uniti è caratterizzato dalla National AI Initiative, istituita dopo l'approvazione del National AI Initiative Act del Congresso nel gennaio 2021. L'iniziativa ha coinvolto numerose agenzie amministrative statunitensi, tra cui la Federal Trade Commission (Ftc), il Dipartimento della Difesa e il Dipartimento della Salute e dei Servizi Umani, per rafforzare e coordinare le attività di ricerca, sviluppo, dimostrazione e insegnamento sull'IA in tutti i dipartimenti e agenzie del Paese.

C'è poi l'Algorithmic Accountability Act del 2022 (uno dei pezzi di legislazione nazionale al momento in cui scrivo è in attesa di approvazione), che chiederebbe alla Ftc di redigere regolamenti che richiedono alle «entità coperte», incluse le aziende che soddisfano determinati criteri, di condurre analisi di impatto quando utilizzano processi decisionali automatizzati, in risposta a rapporti secondo cui i sistemi IA possono produrre risultati parziali (*biased*) e discriminatori. Insomma, nonostante la Ftc non abbia ancora pubblicato leggi sull'IA, il tema è senz'altro all'ordine del giorno.

★★★

Tra i grandi player pronti a mettere una catena all'Intelligenza Artificiale c'è anche l'Unione Europea. Il 9 dicembre 2023 l'Unione ha adottato l'AI Act, una pietra miliare per il settore. Basata su un approccio orientato al rischio, questa legislazione rappresenta il primo quadro legale vincolante per l'IA. La legislazione europea, infatti, classifica i sistemi di Intelligenza Artificiale in base al livello di rischio che essi presentano per l'umanità. In questo modo, l'Europa unita impone regole obbligatorie per i settori ad alto rischio come la medicina, l'educazione e la selezione del personale; e stabilisce requisiti rigorosi per la mitigazione dei rischi, la qualità dei *dataset*, la registrazione delle attività, la documentazione dettagliata, le informazioni chiare per gli utenti, il controllo umano e un elevato livello di robustezza, accuratezza e *cybersecurity*.

Facile, dunque, capire come l'AI Act avrà un impatto anche sul nostro Paese, profondamente integrato nel tessuto tecnologico e innovativo europeo, a partire già da giugno 2024 (data nella quale la normativa europea è diventata legge). La sfida è immensa, le opportunità infinite. Diamo il via alle danze.

12.
A.A.A. Sabbia cercasi

C'è una risorsa poco conosciuta che sta ritagliandosi un ruolo sempre più rilevante nello scacchiere geopolitico globale: è la sabbia. No, non quella delle spiagge o del deserto (d'altronde, in quel caso non saremmo qui a parlarne): intendo la sabbia intesa in quanto risorsa naturale indispensabile per la produzione di microchip, fibra ottica e altre meraviglie tecnologiche, ma anche quale strumento che permette a nuovi edifici di nascere.

Qualche numero ci dà una mano a comprendere la rilevanza poco conosciuta del fenomeno. Con una domanda globale proiettata a crescere del 45% nei prossimi quattro decenni e un consumo annuo del settore edilizio che si prevede raggiungerà i 4,6 miliardi di tonnellate entro il 2060, la sabbia è al centro di una corsa economica senza precedenti. Ma, come anticipato, non stiamo parlando di sabbia comune (abbondante in spiagge e deserti) bensì di sabbia di quarzo ad alta purezza, essenziale per l'industria high-tech.

La sabbia di quarzo, infatti, deve essere pura al punto da consentire la produzione di componenti critici come i microchip che contengono miliardi di transistor il cui elemento principale di realizzazione è il silicio, estratto proprio da questa sabbia «speciale».

Il processo di estrazione e raffinazione del silicio dal quarzo, tuttavia, non è semplice. Richiede diverse fasi e il costo del materiale aumenta a ogni passaggio. I pannelli solari richiedono silicio puro al 99.999999%, mentre i microchip sono realizzati con materiale ancora più puro (sic!). Il quarzo ad alta purezza può raggiungere prezzi di mercato intorno ai 5 mila dollari per tonnellata (cifre significative, se confrontate con altri tipi di sabbia), anche se la quantità di quarzo necessaria per l'industria dei microchip è molto inferiore rispetto a quella utilizzata nel settore edilizio.

Mentre la sabbia per la costruzione può essere trovata in numerosi Paesi in tutto il mondo, i depositi di quarzo di alta purezza sono assai più rari e preziosi. E mentre l'industria dei semiconduttori si espande costantemente per soddisfare la domanda globale di dispositivi tecnologici (ne parleremo tra poco), la circolazione dei produttori di semiconduttori è relativamente ristretta, dipendente da pochi leader di mercato. Ciò significa che qualsiasi interruzione nella catena di approvvigionamento di questi leader potrebbe avere un impatto significativo sul mercato tecnologico globale.

Ecco che la sabbia rappresenta un efficace esempio per comprendere come le terre rare siano ormai al centro della scena geopolitica mondiale, data la loro preziosità nella produzione di gran parte dei dispositivi tecnologici.

***

Quindi, cosa succede nel mondo? La Cina, con una lunga storia di produzione e raffinazione di minerali critici, ha cementato la sua posizione dominante: per capirsi, nel solo 2022 la produzione cinese di terre rare è raddoppiata da 105 mila a 210 mila tonnellate. Mentre la produzione non cinese, pur essendo quadruplicata nel giro di pochi anni, è arrivata solo a 90 mila tonnellate nello stesso periodo. In questo modo, il gigante asiatico controlla un'amplissima porzione della catena di approvvigionamento globale, che va dallo sfruttamento minerario alla raffinazione dei metalli rari fino alla produzione di magneti e componenti essenziali per batterie di veicoli elettrici.

Di fronte a questa realtà, Europa e Stati Uniti non possono e difatti non rimangono a guardare, riconoscendo la vulnerabilità delle loro economie alle potenziali interruzioni nell'approvvigionamento. L'esplorazione di nuove aree geografiche e la salvaguardia delle riserve domestiche diventano strategie chiave per sviluppare catene di approvvigionamento affidabili che possano offrire alternative alla dipendenza dal Dragone. Tuttavia, il cammino verso la diversificazione è costellato di sfide tecniche e ambientali, oltre a incontrare la resistenza delle comunità locali.

La geopolitica delle terre rare ha visto la Cina utilizzare la sua posizione dominante come leva nei confronti di altri Paesi, sollevando preoccupazioni non solo per la sicurezza economica ma anche per quella interna. In risposta a ciò, nazioni come il Giappone hanno iniziato a cercare fonti alternative (sebbene a costi superiori) per ridurre la propria dipendenza.

Ma la «guerra» delle terre rare s'inserisce in un contesto più ampio di nazionalismo delle risorse e shock delle catene di approvvigionamento, con Paesi come lo Zimbabwe, l'Indonesia, le Filippine e il Cile che adottano misure per promuovere l'industria domestica e proteggere le proprie ricchezze. Queste tendenze, unite all'escalation della competizione geopolitica, evidenziano l'urgenza per Europa e Stati Uniti di sviluppare altrettante strategie per assicurarsi un approvvigionamento stabile e diversificato di terre rare.

Sebbene le riserve di terre rare non siano in pericolo di esaurimento nel breve termine (con nuove scoperte in tutto il mondo che promettono di ampliare le fonti di approvvigionamento), la sfida principale risiede nella capacità di raffinazione e fabbricazione, mercato anch'esso dominato dalla Cina. La costruzione d'infrastrutture per la lavorazione dei minerali critici al di fuori del dominio cinese rappresenta un significativo collo di bottiglia che richiede investimenti, competenze e risorse considerevoli.

Le ha spiegate bene a marzo 2023 *Il Sole 24 Ore*: «A dispetto del nome non sono poi così "rare", in quanto ampiamente diffuse nel mondo, ma difficili da estrarre con processi ecosostenibili. Ecco, quindi, che nel corso dei decenni le attività di estrazione si sono concentrate in Paesi con bassi standard ambientali. Come la Cina, che a oggi possiede la leadership mondiale in tutta la catena del valore delle terre rare. Ne estrae il 63% del totale mondiale (la metà del quale riconducibile a una singola miniera, Bayan Obo, situata nella Cina settentrionale). La quota di mercato cinese sale all'85% nella fase successiva della filiera, quella della raffinazione. Infine, la Cina produce ben il 90% dei magneti a base di terre rare: il singolo utilizzo più domandato a livello globale, trattandosi di un componente centrale per veicoli elettrici e turbine eoliche.

«La domanda di tali prodotti da parte dell'Unione Europea raddoppierà entro il 2030. Ma al momento l'Ue non estrae terre rare e rappresenta l'1% della quota globale di produzione di magneti. Questo ragionamento può essere esteso anche ad altri materiali critici. In particolare, quelli richiesti per la produzione delle cosiddette *clean technologies*. Nel percorso verso la neutralità climatica nel 2050, la Katholieke Universiteit (KU Leuven) del Belgio stima un aumento della domanda europea di litio pari al 3.535%, di cobalto del 330% e di nichel del 100%.

«Ma a oggi per tutti questi minerali l'Ue dipende nuovamente dalla Cina che lavora il 35% di tutto il nichel al mondo e il 58% del litio. Persino il cobalto è prevalentemente *made in China* (65% della produzione globale): viene infatti estratto per il 70% nella Repubblica democratica del Congo ma delle 19 industrie del settore nel Paese, 15 sono in tutto o in parte possedute da società cinesi. La Commissione ha inoltre identificato dipendenze strategiche per sei prodotti chimici (iodio, fluoro, fosforo rosso, ossido e idrossido di litio, biossido di molibdeno e tungstati), forme specifiche trasformate di materie prime importate in gran quantità da Paesi eurasiatici.

«Per correggere questi squilibri e rafforzare le sue catene del valore, l'Ue tramite il Critical Raw Materials Act punta a rafforzare gli accordi commerciali con Paesi ricchi di materie prime come Canada, Giappone e Vietnam. Risorse aggiuntive saranno poi destinate allo sviluppo di nuove miniere sul territorio europeo e alla riapertura di vecchi siti minerari attraverso l'uso di nuove tecnologie (il *re-mining*)». (*Lab 24*, 8 marzo 2023)

***

In tutto ciò, l'Italia nasconde un tesoro inesplorato di terre rare e materiali critici, con giacimenti nelle regioni alpine che si estendono dal Friuli al Piemonte e includono aree come la Liguria, la Toscana, il Lazio settentrionale, l'Abruzzo e la Sardegna. Queste risorse offrono al Paese l'opportunità di ridurre la dipendenza dalle importazioni e rafforzare l'autonomia strategica in un settore chiave, anche se rimangono in gran parte inutilizzate a causa di sfide legate alla redditività e all'impatto ambientale dell'estrazione mineraria.

Nel passato abbiamo sostanzialmente rinunciato, nella convinzione che il mitico «mercato» avrebbe provveduto al meglio. Ora il governo mira a rilanciare l'estrazione e il riciclo di queste materie prime. Certo, le questioni ambientali esistono. Ma esistono anche le tecnologie per fare senza distruggere.

14.
Mal di chip

Nolan Arbaugh ha solo ventuno anni quando la sua vita viene sconvolta da un tuffo: la diagnosi è paralisi completa dalle spalle in giù. Eppure, con una resilienza molto a stelle e strisce, Nolan non si arrende e decide di partecipare a un progetto rivoluzionario. Da chi arriva la proposta? E da chi se non da Elon Musk, colui che incarna l'incrocio tra la dimensione futuro e quella industria?

Lo scenario è semplice. A Nolan viene impiantato un chip nel cervello che, una volta attivato, gli permette di interagire con il mondo esterno. Può muovere il cursore su uno schermo con il pensiero, può giocare a scacchi e persino al videogioco online *Civilization*. Nelle interviste racconta il suo entusiasmo e il senso di rinascita, e un po' si sente un supereroe. D'altronde, è il primo essere umano a cui è stato eseguito un intervento del genere.

Per comprendere realmente la portata di questa vicenda (non che già così non faccia strabuzzare gli occhi) bisogna tornare all'altro nome, questa volta ben più noto e citato: Elon Musk.

Già, perché a rendere possibile questa «magia» è la sua *Neuralink*, azienda all'avanguardia nel campo delle neurotecnologie che il secondo uomo più ricco del Pianeta ha fondato nel 2016. La tecnicalità del progetto riguarda lo sviluppo di interfacce cerebro-computer (Bci) in grado di collegare direttamente il cervello umano a computer e dispositivi elettronici. Mentre l'obiettivo è ancor più ambizioso e punta a esplorare nuove frontiere della condizione umana, superando limiti fisici e cognitivi finora insormontabili.

D'altronde, che Musk giochi in un altro campionato ce lo aveva reso chiaro già con la *Tesla* (macchine a guida autonoma), e soprattutto con il progetto di colonizzazione di Marte attraverso *SpaceX*.

Ma torniamo sugli aspetti tecnici, che meritano qualche parola in più. Il dispositivo impiantato nel cervello di Nolan rappresenta la punta di lancia di questa tecnologia rivoluzionaria: dotato di microfilamenti più sottili di un capello umano, il chip si collega direttamente ai neuroni, permettendo di captare i segnali elettrici del cervello e di tradurli in comandi eseguibili da un computer. Un processo che avviene attraverso sofisticati algoritmi di apprendimento automatico che interpretano l'attività neurale.

La portata di questa tecnologia va ben oltre il permettere a persone con disabilità di recuperare funzioni perdute, fatto già di per sé straordinario. Quello che davvero *Neuralink* intende fare è potenziare le capacità cognitive umane, facilitando la comunicazione, l'apprendimento e (forse un giorno, chissà) consentendo di condividere pensieri ed esperienze direttamente da mente a mente.

E arriviamo quindi al punto focale che questa storia vuole evidenziare: i protagonisti indiscussi di tutte queste tecnologie sono ancora i microchip. Dispositivi minuscoli ma incredibilmente potenti, capaci di svolgere calcoli e processi impensabili solo pochi decenni fa, la loro storia inizia tra gli anni Cinquanta e Sessanta, quando Jack Kilby e Robert Noyce posero le basi per quella che sarebbe diventata una delle invenzioni più significative del XX secolo.

Oggi questi piccoli oggettini sono ovunque: dai nostri smartphone agli elettrodomestici, dalle automobili alle apparecchiature mediche, fino ad arrivare a tecnologie all'avanguardia come appunto i dispositivi *Neuralink*. La grandezza di questi dispositivi può variare da pochi millimetri a meno di un millimetro quadrato: solo negli ultimi anni, infatti, il progresso nella fabbricazione dei chip ha visto il passaggio da processi produttivi di 10 nanometri (nm) a tecnologie di 7 nm e, recentemente, a quelle incredibilmente avanzate di 5 nm e addirittura 3 nm. Giusto per dare un'idea: un nanometro è un miliardesimo di metro, e questa scala di miniaturizzazione permette di inserire miliardi di transistor su un chip della grandezza di un'unghia.

Eppure, nonostante le loro dimensioni ridotte, i chip moderni sono capaci di gestire quantità di dati a una velocità che sfida l'immaginazione. Per comprendere meglio l'impresa tecnologica rappresentata dai moderni microchip, è utile un esempio: consideriamo un confronto diretto tra la potenza di calcolo dei primi chip e quella dei dispositivi attuali. Prendiamo come punto di partenza il microprocessore *Intel 4004* (introdotto nel 1971), che aveva una potenza di calcolo di circa 60 kilohertz (kHz), equivalente a 60 mila cicli di calcolo al secondo. Questo chip, considerato rivoluzionario al tempo, conteneva 2.300 transistor e si ritagliò uno spazio nella Storia come uno dei primi microprocessori disponibili sul mercato.

Avanzando rapidamente ai giorni nostri, troviamo microprocessori che operano a velocità dell'ordine dei gigahertz (GHz), ovvero miliardi di cicli al secondo. Il caso più noto è l'*Apple M1*: introdotto nel 2020, opera a una frequenza fino a 3.2 GHz e contiene 16 miliardi di transistor. Per capirci, mentre l'*Intel 4004* poteva eseguire semplici calcoli e operazioni di input/output, l'*M1* è in grado di gestire Intelligenza Artificiale, elaborazione grafica avanzata e complessi algoritmi di apprendimento automatico. Tutto in tempo reale.

Ecco che, quindi, l'esplosione della potenza di calcolo dei microchip moderni ha reso possibile il rapido sviluppo di algoritmi di apprendimento automatico e di reti neurali artificiali, che costituiscono la linfa vitale dell'IA. Un modello sono i chip Tpu (Unità di elaborazione tensoriale) di *Google*, introdotti per la prima volta nel 2016. Questi dispositivi sono stati progettati specificamente per accelerare i carichi di lavoro di apprendimento automatico di *Google*, migliorando l'efficienza energetica e riducendo i tempi di elaborazione in modo incredibile.

Rispetto ai microprocessori generalisti, infatti, le Tpu possono offrire prestazioni fino a cento volte superiori in specifiche attività di IA, consumando una frazione dell'energia.

***

Compreso il ruolo dei microchip nella vita (e nel progresso) di tutti noi, è ora logico affrontare un passaggio ulteriore, che può condizionare le nostre vite: chi ne detiene il controllo sulla produzione fa quantomeno uno scacco, anche se per ora non uno scacco matto. Tuttavia, per capire fino in fondo la complessità geopolitica di questo scenario, bisogna rispondere anzitutto a una domanda: come si crea un microchip?

Ebbene, la sua produzione è un processo intricato e multistadio che inizia con la progettazione del circuito e si conclude con la produzione fisica del semiconduttore.

Senza dilungarci troppo in tecnicismi non utili in questa analisi, concentriamoci su quest'ultima parola: semiconduttore. Al vertice dell'industria, infatti, troviamo Taiwan, con la società Taiwan Semiconductor Manufacturing Company (Tsmc) che detiene circa il 54% del mercato globale nella loro produzione. Tsmc basa la sua grandezza per l'avanzata capacità produttiva, essendo in grado di realizzare circuiti a 5 nm e lavorando verso i 3 nm (giusto per ricordare, un capello umano è cento volte più spesso).

E gli altri player? A tallonare Taipei c'è la Corea del Sud, con aziende come *Samsung Electronics* che vale oggi il 17% del mercato, in particolare per la produzione di memorie Dram e Nand flash.

Ci sono poi ovviamente anche Stati Uniti e Cina, i due grandi giocatori che - lo sappiamo fin troppo bene - si contendono periodicamente l'influenza sull'isola di Taiwan.

Gli Stati Uniti, nonostante restino la culla di aziende progettiste di chip come *Intel*, *Nvidia* e *Qualcomm*, dipendono però significativamente dalla produzione esterna per l'approvvigionamento di semiconduttori. Unica eccezione è *Intel*, che con le sue fabbriche in Arizona e Oregon, sta investendo cifre nell'ordine dei miliardi per rilanciare la produzione interna americana di chip.

C'è poi il Dragone, come detto, che sta rapidamente aumentando la sua autonomia grazie ad aziende come la *Smic* (Semiconductor Manufacturing International Corporation). Certo, ancora non ci siamo, e la tecnologia di fabbricazione cinese è qualche passo indietro rispetto a Taiwan e Corea del Sud, ma la direzione intrapresa è comunque quella giusta.

Quanto appena detto ci permette di capire quanto le implicazioni geopolitiche dei microchip (e, in particolare, dei semiconduttori) siano all'ordine del giorno. La dipendenza mondiale, infatti, è in mano a pochi fornitori tutt'altro che «stabili»: leggasi ancora Taiwan, su cui pende la spada di Damocle della Cina continentale, e di conseguenza le tensioni politiche tra Cina e Stati Uniti che stanno rendendo sempre più critica la catena di approvvigionamento.

Ed è qui che arriviamo ai giorni nostri. Il 15 aprile 2024 il governo statunitense ha annunciato l'accordo tra il Dipartimento del Commercio e *Samsung Electronics*, dove l'azienda sudcoreana riceverà 6,4 miliardi di dollari di sussidi diretti a fronte di investimenti di oltre 40 miliardi. L'accordo è frutto di una visione più ampia che gli Stati Uniti hanno introdotto con il Chips and Science Act, legge federale voluta dall'amministrazione Biden il 9 agosto 2022 che si pone l'obiettivo di rendere sempre più indipendente l'America grazie alla produzione di semiconduttori sul territorio nazionale, e siglando partenariati sempre più stretti.

La legge americana è stata «recepita» anche dall'Unione Europea, con il regolamento promosso da Parlamento e Consiglio, entrato in vigore dal 21 settembre 2023. Previsione di investimento: oltre 43 miliardi di euro.

***

Insomma, le cose iniziano a muoversi nella giusta direzione anche da noi, nonostante l'Europa debba colmare un gap importante. Ad agosto 2023 il commissario Thierry Breton usa parole di speranza, salutando con favore l'apertura in Germania del primo stabilimento europeo della taiwanese *Tsmc*: «L'Europa riprende in mano il suo destino» commenta. «Ci sono ora più di 68 progetti in 19 Paesi che ci permetteranno di recuperare la nostra competitività, soprattutto in Asia, e anche la nostra autonomia strategica».

La fabbrica di semiconduttori di *Tsmc* a Dresda, ad esempio, è un progetto che vale in totale 10 miliardi di euro e rappresenta, secondo il commissario Breton, «il culmine della strategia industriale che porto avanti come commissario europeo da 4 anni. Abbiamo fatto in modo che l'Europa riprenda in mano il suo destino e abbia la capacità di produrre sul territorio europeo i microprocessori di cui abbiamo bisogno».

Se pensiamo che nel 1990 l'Europa produceva il 40% dei chip globali (dati di *Statista*), e oggi dobbiamo inseguire, significa che qualcosa è andato storto a causa di scelte strategiche che, col progredire della globalizzazione, si sono rivelate sbagliate. Ecco perché dobbiamo recuperare in fretta.

«Avevamo questa capacità trent'anni fa, ma l'abbiamo gradualmente persa a favore dell'Asia e ora raggiungiamo solo il 9% della produzione globale» è l'amaro commento del commissario.

Sulla produzione di microchip e semiconduttori si concentra gran parte della sfida globale del prossimo futuro. Qui possiamo stare tranquilli, l'hanno capito tutti. Anche i nostri decisori politici.

QUARTA PARTE

Interludio

Non preoccuparti se il mondo finirà oggi.
È già domani in Australia.

CHARLES M. SCHULTZ

Tutti contro tutti

Ho deciso di concludere questo libro con quattro argomenti, quattro storie da raccontare apparentemente slegate tra loro, ma in realtà solidamente ancorate al tema che mi sta più a cuore e che spero trovi un senso in quest'opera.

La complessità del mondo moderno è ben visibile nella variegata tipologia di fattori che concorrono alla lotta per la leadership, nel secolo globale per eccellenza.

Ecco qui la storia di una città (che ancora non c'è), di un social network (che c'è eccome), di una droga (che nasce medicina per curare e diventa arma di omicidio collettivo), di un sogno che diventa realtà (andare nello Spazio).

Quattro storie che si dipanano per quattro angoli del mondo. Arabia Saudita, Cina, Stati Uniti. E poi tutti gli altri, Europa compresa. Non si coglie il senso del presente se si trascura l'elemento essenziale del nostro tempo: la dimensione.

Oggi tutto è infinitamente grande, anche nel piccolo (anzi, minuscolo) spazio di un chip, perché immensa è la sua capacità di calcolo, come abbiamo visto.

Immensa è però anche la città del principe saudita Mohammad bin Salman, così come immensa è la platea di *TikTok*, immensa la tragedia del *Fentanyl*, immenso lo Spazio da esplorare.

E il senso di quest'ultima parte è che «piccolo è bello» può valere per un borgo umbro da scoprire nel fine settimana, ma non va bene per le sfide in corso.

15.
Città visionarie

Cinquecento miliardi.

Una cifra superiore al Pil di Iran, Finlandia e Portogallo, che si classificherebbe nelle prime trenta posizioni di questa speciale graduatoria a livello mondiale. Tanto è l'investimento introdotto dall'Arabia Saudita (praticamente la metà del suo Pil complessivo, anche se naturalmente spalmato su molti anni) per dare vita a un vero e proprio esperimento di civiltà. Un progetto in grado di diventare, per distacco, il principale esempio di futuro.

Stiamo parlando di *Neom*, una «città» (le virgolette non sono casuali, ma ci arriviamo) sospesa tra sabbia e Mar Rosso che si estende per oltre 26.500 chilometri quadrati, ovvero una superficie maggiore dell'intero Belgio. Un concentrato d'innovazione e sostenibilità capace di riscrivere le regole dell'urbanizzazione. Ma è bene procedere per ordine, perché la storia lo merita.

Neom fa parte di una più ampia visione futuristica messa nero su bianco dal piano *Vision 2030* dal principe ereditario dell'Arabia Saudita, Mohammed bin Salman.

Una visione proiettata nel futuro, pensata perché possa operare completamente libera da emissioni di carbonio, con una totale approvvigionamento da fonti rinnovabili. Il sole del deserto e i venti costanti forniti dal vicino Mar Rosso consentono, infatti, a Ryiad di avere un sistema energetico di straordinaria efficienza, in grado di diventare presto modello per le città del futuro.

Uno degli elementi più rivoluzionari di *Neom* è senz'altro *The Line*, metropoli lineare lunga ben 170 chilometri. Pensata per accogliere fino a un milione di abitanti, *The Line* sarà la prima città al mondo senza auto, strade o inquinamento atmosferico, dove ogni servizio essenziale sarà raggiungibile in soli quindici minuti. Il concetto è tanto semplice quanto rivoluzionario: niente più traffico, niente più smog, solo interazione uomo-tecnologia.

Già, tecnologia. Perché oltre alla sua natura sostenibile, la promessa di *Neom* è quella di essere un hub ricolmo di innovazione. Un luogo, cioè, nel quale dare vita alle nuove frontiere dell'Intelligenza Artificiale, delle biotecnologie, della mobilità autonoma e molto altro. Una città in cui i droni non sono solo una novità, ma una componente essenziale della normalità quotidiana, uno spazio dove la sicurezza è garantita in modo granitico da sistemi di monitoraggio di ultima generazione.

Ma, in pieno stile saudita, c'è di più: *Neom* non è solo concepita intorno a tecnologia e ambiente. La città, infatti, ha un valore strategico ben più elevato. Situata dove si snodano le più importanti rotte commerciali, è destinata a diventare cruciale non solo per il Medio Oriente ma per il commercio globale, ricollocando il centro di gravità economico (e tecnologico) dell'Arabia Saudita lontano dalle sue risorse petrolifere. Non a caso, d'altronde, tra i progetti di *Neom* c'è anche *Oxagon*, un complesso industriale marittimo capace di diventare uno dei più importanti sistemi portuali dell'intera area, come dimostrato dal fatto che le maggiori compagnie di shipping (compresa *MSC*) stanno già tessendo accordi con il Paese per costruire delle stazioni di carico e scarico merci.

Ora, la parola *futuro* più volte utilizzata in questo racconto, non ci deve indurre in errore. La costruzione di *Neom*, infatti, non è solo un progetto visionario, ma una realtà in rapido sviluppo.

A oggi diversi componenti della città sono già in cantiere: la stessa *The Line*, ad esempio, ha dato il via alla prima fase con la preparazione del terreno e la pianificazione infrastrutturale, e la posa della prima pietra è prevista entro la fine del 2024, mentre una prima sezione sarà abitabile già entro il 2025. Tempistiche utopiche per la nostra parte di mondo.

Al contempo, c'è da dire che *Neom* rimane una vera e propria impresa ingegneristica tale che, solo per la costruzione di *The Line*, si stima saranno necessari oltre 35 milioni di metri cubi di terra da smuovere, oltre a circa 10 milioni di tonnellate di cemento (1.500 volte più del peso della Torre Eiffel).

La grandezza di *Oxagon* non è da meno: si prevede la costruzione di strutture su una superficie di 30 chilometri quadrati, che richiederanno 5 milioni di metri cubi di terra rimossa, circa 3 milioni di tonnellate di cemento e l'installazione di 200 km di cavi sottomarini per la trasmissione di energia rinnovabile dalla terraferma all'arcipelago di isole artificiali. Numeri che ci fanno ben comprendere le dimensioni fisiche del progetto, ma anche l'impatto ambientale e logistico. Il trasporto e la gestione di tali quantità di materiali richiedono una pianificazione meticolosa e tecnologie all'avanguardia.

Ecco, dunque, che - in linea con l'ambizione e le risorse messe in campo da Mohammed bin Salman - la *deadline* è stata fissata al 2030. Ripeto, tempi che nulla hanno a che a fare con noi.

***

Ma l'Arabia Saudita non è l'unica nazione proiettata in avanti. C'è un altro Paese nel mondo che si sta organizzando per provare a vincere (o quantomeno a competere) nella gigantesca sfida della città del futuro: l'Egitto. Con caratteristiche diverse, infatti, è già in fase di costruzione una megalopoli che farà da nuova capitale amministrativa del Paese a cavallo tra Africa e Medio Oriente. Certo, l'investimento nulla ha a che vedere con *Neom* - vale «solo» 58 miliardi di dollari - ma con questo progetto Il Cairo aspira a riformare la governance del Paese creando nel mezzo del deserto la sua nuova città simbolo.

Situata a circa 45 km a est del Cairo, questa città - denominata con poca fantasia *New Cairo* - si va estendendo su una superficie di circa 700 chilometri quadrati. La visione è tutta compresa nel contesto della strategia nazionale per decentralizzare e alleviare la congestionata (eufemismo) metropoli del Cairo, con l'intento di trasferirne ministeri, ambasciate e altre istituzioni governative sensibili. Ma, come per *Neom*, anche *New Cairo* intende fare sintesi dei più recenti sistemi innovativi e sostenibili, per ritagliarsi un ruolo da protagonista nei prossimi anni. Si prevede, ad esempio, di realizzare il *Green River*, un parco centrale che si sviluppa per tutto il cuore della città tanto da rappresentare un vero e proprio polmone verde laddove l'unico elemento rilevante oggi è rappresentato dall'infinito deserto.

Oltre ciò, il progetto della nuova capitale egiziana strizza l'occhio al tema della mobilità e della sicurezza, grazie a una rete di trasporto pubblico all'avanguardia (inclusa una monorotaia che la collega direttamente al Cairo) e sistemi di sorveglianza ad alta tecnologia. Infine, *New Cairo* avrà un ruolo geopolitico niente affatto irrilevante data la sua collocazione strategica che permette un facile accesso tanto al Mar Rosso quanto al Mediterraneo; il che potenzierà così il ruolo del governo dei militari, come mediatore della regione.

★★★

Ecco dunque che mentre noi siamo fermi a interrogarci se le città stanno perdendo fascino senza avanzare un briciolo di soluzione, in zone del mondo dove la democrazia è elemento accessorio sono in dirittura di arrivo nuove forme di aggregazione sociale. Ed è poco rilevante se ciò aumenterà il divario tra cittadini di serie A e di serie B. Ciò che conta è la sfida del domani. E chi per primo riuscirà a costruire la città del futuro, «controllerà» il mondo.

Già, perché proprio così stanno le cose. Tanto è vero che questo abbiamo fatto in Europa e nell'America del Nord. Prima Atene, poi Roma, poi Madrid, Parigi e Londra, infine New York e Los Angeles. Abbiamo inventato città che sono divenute civiltà, e quindi capitali. E, se si guarda ancora più a est, si vede benissimo che questo sta accadendo contemporaneamente anche a Singapore, Mumbai, Shanghai.

16.
Balletti? Mica tanto

L'occasione è il *Super Bowl* americano, l'evento sportivo più seguito del Pianeta. La data il 13 febbraio 2024.

Proprio alla vigilia di San Valentino, Joe Biden, attuale numero uno statunitense, fa capolino su *TikTok* come *@bidenhq*. Il motivo principale di questa scelta è piuttosto evidente: le presidenziali di novembre all'epoca dei fatti sono alle porte e il secondo tempo della sfida con Trump è ancora dagli esiti tutt'altro che prevedibili; il che impone al presidente in carica di ritagliarsi uno spazio dell'agenda pubblica anche sui social media. Anzi, forse c'è da domandarsi perché Joe Biden non fosse già da tempo presente su *TikTok*. Già, perché?

Facciamo un passo indietro di qualche anno e proviamo a ripercorrere cronologicamente le vicende (decisamente intricate) che intersecano la vita politica di Biden con «il social dei balletti».

Nata in Cina nel 2016 come *Douyin* e lanciata sul mercato statunitense un anno più tardi con il noto nome di *TikTok*, l'applicazione cinese ci mette pochi anni a prendersi il centro della scena. Siamo nel 2020 e, con l'esplodere della pandemia, in tutto il mondo *TikTok* riesce a fare capolino nella vita di tutti noi - giovanissimi in primis - grazie a video super brevi e trend accattivanti. È in quello stesso anno che iniziano gli intrighi di potere. Fin da subito, infatti, il presidente in carica Donald Trump cerca di mettere al bando il neonato social (che allora contava circa 80 milioni di utenti americani), definendolo una minaccia alla sicurezza del Paese.

La decisione, però, viene bloccata da un giudice federale e revocata poi da Joe Biden nell'aprile 2021, appena eletto. Nonostante ciò, i dubbi del presidente democratico aumentano nel corso del mandato, fino ad arrivare a una data in qualche modo storica per *TikTok*.

È il 23 marzo 2023 e Shou Zi Chew, Ceo dell'applicazione cinese dal 2021, viene chiamato a testimoniare davanti al Congresso degli Stati Uniti d'America per la prima volta nella Storia. L'obiettivo è semplice: far emergere i dettagli della relazione tra *ByteDance*, azienda tecnologica cinese da 85 miliardi di fatturato fondatrice di *TikTok*, e la medesima app.

I temi sotto la lente di ingrandimento sono due. Da un lato c'è la gestione dei dati (e quindi della privacy) dei 150 milioni di utenti americani e la paura che questi diventino «nutrimento» per il governo cinese (per legge, infatti, ha il diritto di chiedere alle imprese cinesi tutti i loro dati). Poi c'è un problema che va sempre più diffondendosi tra le democrazie occidentali, ovvero l'utilizzo di un certo tipo di propaganda da parte di Stati (più o meno) autocratici come strumento di destabilizzazione.

***

Arriviamo quindi ai giorni nostri. L'amministrazione Biden dà vita a un disegno di legge in cui si «invita» *ByteDance* a separarsi dalla casa madre in Cina per poter rimanere attivo negli Stati Uniti (una sorta di Golden Power al contrario, per chi avesse dimestichezza giuridica). Nel marzo 2024, attraverso il Protecting Americans from Foreign Adversary Controlled Applications Act, la Camera approva il disegno di legge prevedendo un termine di sei mesi dall'approvazione della legge per la vendita, pena lo spegnimento totale di *TikTok* sul territorio americano.

A nulla vale il tentativo del social cinese di trovare una soluzione alternativa con il *Project Texas*, ovvero l'impegno di portare tutti i dati degli utenti americani negli Stati Uniti, nei server di una società americana, nello specifico *Oracle*. Un progetto, tra l'altro, sul quale *ByteDance* aveva già investito 1,5 miliardi di dollari per essere operativo, secondo il Ceo, entro la fine del 2024. Ma questo non è l'unico caso di *ban* che l'applicazione cinese ha subìto negli ultimi anni nel mondo.

C'è anche il caso della Francia, dove *TikTok* è vietato su tutti i telefoni forniti dallo Stato ai funzionari pubblici (decisione presa esattamente il giorno dopo l'audizione del Ceo di *TikTok* davanti al Congresso americano). Stessa sorte riguarda anche il Regno Unito, che ha fatto disinstallare l'app da tutti i cellulari dei dipendenti di ministeri ed enti governativi. Decisione, tra l'altro, in linea con quanto stabilito dall'Unione Europea per i dipendenti della Commissione, del Consiglio e del Parlamento Ue. E la lista non è finita: Nuova Zelanda, Canada, Belgio, Taiwan, adottano le stesse decisioni contro il social network cinese.

Ci sono Paesi in giro per il mondo nei quali *TikTok* è vietato a chiunque, non solo ai dipendenti pubblici. In India il *ban* risale ancora al 2020 ed è esteso a tutti i cittadini, così come altre 58 applicazioni cinesi tra cui *WeChat* (il *WhatsApp* di Pechino). Oltre al Paese più popoloso del mondo, l'applicazione è vietata in modo integrale anche in Afghanistan e Pakistan.

Ma, come anticipato poc'anzi, non c'è solo un tema strettamente connesso alla privacy. *TikTok*, infatti, può essere efficace strumento di propaganda, con un'impressionante capacità di raggiungere il pubblico più permeabile a messaggi ben confezionati: i giovani.

L'esempio più indicativo è quello della Russia. Un rapporto recente dell'Alliance for Securing Democracy (Asd) ha reso noto che la Russia usa il social per «spingere la propria narrativa» nel tentativo di minare il sostegno occidentale all'Ucraina. Un'operazione d'influenza da parte russa che riguarda, secondo lo studio, centinaia di milioni di utenti esposti a vera e propria disinformazione. In effetti, al 22 marzo 2023 su *TikTok* erano presenti ben 78 diversi organi d'informazione finanziati dalla Russia, per un totale di oltre 14 milioni di *follower*. Inoltre, nonostante l'impegno della società cinese di etichettare gli account come appartenenti a media controllati dallo Stato, 31 di essi non sono etichettati.

★★★

Ecco dunque che tutte queste (intricate) vicende ci consentono di fare un ragionamento su quel bilanciamento corretto tra libertà di espressione e sicurezza di uno Stato, tra libera informazione e propaganda utilizzata unicamente come strumento di guerra. Ma ci permette anche di ribadire ancora una volta quanto i social siano la nostra vita. Ed è proprio quest'ultimo punto che mette gli Stati democratici di fronte a un paradosso.

Perché finora abbiamo visto solo un lato della medaglia. L'altra faccia di *TikTok* è composta da oltre un miliardo e mezzo di iscritti in tutto il mondo; cosa che lo rende a oggi il social media più utilizzato e il più influente sulle nuove generazioni, che spesso entrano in contatto con le notizie proprio (anzi, talvolta solo) qui.

Ma l'altra faccia del social cinese è composta anche da Joe Biden, che si è trovato costretto a esordire su *TikTok* per aumentare la potenza di fuoco dei suoi messaggi; così ha fatto anche Simon Harris, nuovo premier dell'Irlanda soprannominato proprio *TikTok Taioseach* (parola gaelica che significa «capo» o «leader») per la sua forte presenza sull'app; e così pure Nayb Bukele, presidente di El Salvador che conta 8 milioni di *follower* e circa 66 milioni di *like*, che concentra gran parte della sua comunicazione attraverso efficaci video su *TikTok*.

Vale anche per Giorgia Meloni, che di follower ne ha 1,5 milioni, ed è regina indiscussa del social cinese tra i rappresentanti politici del nostro Paese. Alla faccia del social dei balletti.

17.
La guerra in polvere

È il 12 marzo 2024 quando il governo italiano approva su proposta del sottosegretario Alfredo Mantovano il «Piano nazionale di prevenzione contro l'uso improprio di *Fentanyl* e di altri oppiacei sintetici». Il *Fentanyl* è dunque arrivato in Europa? Stiamo per assistere anche qui a qualcosa di simile a quello che ha già sconvolto (in peggio) il panorama della tossicodipendenza negli Stati Uniti?

«Ci sono segnali di una sua diffusione in Portogallo e Gran Bretagna», spiega Mantovano, lanciando l'allarme sulla criminalità organizzata che, secondo quanto rilevato dall'intelligence italiana, starebbe «testando il mercato per verificare la convenienza del suo inserimento». A tal proposito, il sottosegretario ricorda il caso di Piacenza, dove lo scorso anno ci sono stati alcuni arresti per «intermediazione di approvvigionamenti di quantitativi di *Fentanyl* tra Cina e Usa, con 18 persone coinvolte: 100 mila le dosi intercettate ed erano nascoste tra le pagine di libri». (*Il Foglio*, 13 marzo 2024).

Facciamo un passo indietro, così capiamo bene di cosa stiamo parlando. Circa 841 mila americani sono morti tra il 1999 e il 2022 per eccesso nel consumo di oppioidi, con una crescita esponenziale del fenomeno negli ultimi anni (110 mila morti solo nel 2022). Il che vuol dire - e si tratta di un dato assai probabilmente sottostimato - oltre 300 morti al giorno al tempo presente, contro 115 decessi al giorno per incidenti stradali e «solamente» 50 omicidi.

In buona sostanza, quelle droghe spesso travestite da farmaci uccidono sei volte più delle armi, in un Paese che continua a consentire a tutti di comprare fucili e pistole con estrema facilità. Potrebbe in apparenza sembrare solo (si fa per dire) una questione sanitaria, magari da associare a un tema ormai presente in tutte le società nazionali esposte ai venti forti della globalizzazione: molti finiscono ai margini per ragioni economiche, che negli Usa si associano a un sistema di Welfare State non certo universalistico come in Europa.

Oppure la cosa potrebbe trovare spiegazione nel disagio giovanile, anch'esso fenomeno di non poco conto in Nord America, dove si salda con la condizione spesso disagiata di parti significative di alcune comunità, prima fra tutte quella degli afroamericani. Peraltro, non si può sottovalutare il fatto che a causare la strage di cui parliamo è un prodotto di sintesi chimica che prende origine da un farmaco legale ampiamente utilizzato con successo nella terapia del dolore, e anzi considerato uno dei più efficaci strumenti oggi disponibili per alleviare la sofferenza di molti pazienti in condizioni di salute assai critiche.

Per avere contezza di ciò di cui parliamo, vale la pena riportare poche righe della descrizione ufficiale dal sito del ministero dell'Interno italiano - Dipartimento di Pubblica Sicurezza: «Il *Fentanyl* è un analgesico con una potenza di almeno 80 volte superiore a quella della morfina. Il *Fentanyl* e i suoi derivati sono utilizzati come anestetici e analgesici sia in medicina sia in veterinaria (*Carfentanyl*). La sua molecola e i suoi derivati sono soggetti a controllo internazionale così come quei derivati non farmaceutici altamente potenziati, quale il *3-metilFentanyl*, sintetizzati illecitamente e venduti come "eroina sintetica" o mescolati con l'eroina». E ancora, poco più avanti: «L'uso ripetuto sviluppa rapidamente tolleranza e dipendenza. Non appena si interrompono le somministrazioni, subentrano i sintomi tipici dell'astinenza (sudorazione, ansia, diarrea, dolore alle ossa, crampi addominali, brividi o "pelle d'oca"). Interazioni gravi si sviluppano quando si mischia il *Fentanyl* con eroina, cocaina, alcool e altri depressori del sistema nervoso centrale, come le benzodiazepine.

L'uso di farmaci antiretrovirali e inibitori della proteasi per l'Hiv farebbero aumentare i livelli del plasma e, se somministrati insieme al *Fentanyl*, ne ridurrebbero l'eliminazione. L'overdose comporta una depressione respiratoria che può regredire con il naloxone. Può anche subentrare una morte improvvisa per arresto cardiaco o grave reazione anafilattica. Negli esseri umani, sono sufficienti 2 mg di *Fentanyl* per essere letali. Nei decessi in cui figurava la poli-assunzione è stata registrata una concentrazione sanguigna di circa 7 ng/ml o più. Mentre sono state registrate delle morti accidentali dopo l'uso terapeutico, si sono verificati molti decessi a seguito dell'abuso di prodotti farmacologici. Il contenuto di cerotti usati e no, assunto tramite iniezioni, fumo, per via orale o nasale, ha spesso portato a conseguenze fatali. In Europa e negli Stati Uniti si è registrato un numero significativo di morti a seguito dell'ingestione di fentanili sintetizzati o "creati" illecitamente, chiamati a volte fentanili non farmaceutici.

Per quanto riguarda i fentanili non farmaceutici, molti decessi - caratterizzati dalla loro repentinità - sono stati legati all'uso di eroina combinata con il *Fentanyl* o uno dei suoi vari potenti analoghi, come l'*alfa-metil Fentanyl* e il *3-metilfentanyl*. Test sugli animali condotti dal gruppo di ricerca della *Janssen Pharmaceutical* hanno dimostrato che la potenza analgesica del *Fentanyl* è 470 volte superiore a quella della morfina. Il *Carfentanyl* sarebbe 10 mila volte più potente della morfina».

Insomma, siamo di fronte una vera e propria «bomba chimica», la cui somministrazione aiuta l'uomo solo se gestita sotto rigido controllo medico e al massimo livello di serietà professionale. Se invece se ne abusa, gli effetti possono rapidamente portare a morte, come dimostra anche la fine drammatica di due fra le più grandi stelle di sempre del pop: cioè Michael Jackson e Prince.

Il primo, infatti, muore alle 14.26 del 25 giugno 2009 a Los Angeles, nei locali dell'Ucla Medical Center. Aveva perso conoscenza da alcune ore, ma il suo medico personale, Conrad Murray, cerca di rianimarlo per 42 minuti prima di chiamare i soccorsi. L'indimenticabile protagonista di *Thriller* viene sottoposto ad autopsia, che individua la causa principale della morte in una dose fatale di *Propofol* (potente farmaco usato come agente principale di induzione dell'anestesia generale, nonché per il suo mantenimento e per altre procedure che richiedono sedazione). Ma l'inchiesta, che porterà alla condanna a quattro anni di reclusione per il medico Murray, dimostrerà anche un uso frequente di *Fentanyl*, spesso recuperato sul mercato con false identità e medici compiacenti.

Prince invece (Rogers Nelson all'anagrafe) muore il 21 aprile del 2016 nella sua residenza di Paisley Park, la tenuta da 40 kmq alle porte di Minneapolis (Minnesota), da lui creata a metà degli anni Ottanta e fornita di studi di registrazione di altissimo livello usati da molte tra le più amate star degli ultimi decenni (tra cui Madonna, i Bee Gees e Stevie Wonder).

Quella mattina Kirk Johnson, bodyguard, amico e confidente dell'indimenticabile autore di *Purple Rain* e *Kiss*, lo cerca al telefono senza successo; allora si precipita alla residenza dell'artista insieme al figlio del celebre medico Howard Kornfeld, Andrew, specializzato nella cura delle dipendenze. Ma Prince è già morto, lo trovano all'interno di quell'ascensore davanti al quale Johnson l'aveva lasciato la sera prima. Parte la chiamata al 911 alle 9:43 del mattino, i soccorritori arrivano ma non c'è più niente da fare e così, alle 10:07, l'indimenticabile pop star viene dichiarata clinicamente morta. Sarà il comunicato ufficiale del 2 giugno del Midwest Medical Examiner's Office della contea di Anoka a chiarire le cause del decesso: overdose accidentale di *Fentanyl*.

L'elenco dei volti famosi la cui morte prematura è legata al *Fentanyl* è lungo una Quaresima. A riprova di quanto diffuso e letale sia questo farmaco. Ovviamente, quella dei personaggi famosi è solo la punta dell'iceberg. E allora dobbiamo guardarci dentro a questa montagna di morte, che rende oggi il *Fentanyl* responsabile del 70% dei decessi per overdose in America. E dobbiamo guardarci dentro non solo per l'enorme prezzo in vite umane che sta costando (e sappiamo bene quanto spesso tendenze americane diventano realtà anche in Europa con qualche anno di ritardo), o per gli aspetti sanitari o per gli enormi danni sociali che la diffusione di queste sostanze sta generando.

Dobbiamo cogliere il fenomeno nelle sue dinamiche profonde, che probabilmente vanno oltre il monito di Giovanni Falcone - *follow the money* - come strumento essenziale per comprendere le logiche criminali a ogni latitudine.

Certo, il business si è fatto imponente. Una pasticca di *Fentanyl* viene venduta negli Usa a un prezzo che varia dai 15 ai 30 dollari (ne esistono numerose versioni, ognuna con le sue specifiche, più o meno veritiere, ma certamente tutte dall'effetto poderoso). Difficile stimare quante ne vengono piazzate sul mercato, mentre è noto il dato di quante ne sono state sequestrate: ed è un numero impressionate.

Nel solo 2022 la Dea (Drug Enforcement Administration) ha tolto dalla circolazione 379 milioni di dosi; quindi, tenendosi a un valore di 20 dollari a compressa, siamo a quasi 8 miliardi di dollari di sola merce finita in mano alle forze dell'ordine.Vogliamo dire che le autorità recuperano il 10% della merce in circolazione? Allora significa che il giro d'affari per i soli Stati Uniti è di 80 miliardi, cioè quanto il Pil di una nazione come l'Uruguay che ha 3,5 milioni di abitanti.

Ebbene, questi soldi sono tutti per le organizzazioni criminali che gestiscono il traffico? E chi sono i protagonisti di questo mercato illegale che sta prendendo piede anche in Europa? E, infine, di quali alleanze internazionali godono i Re Mida del *Fentanyl*?

★★★

Proviamo a rispondere a queste tre essenziali domande partendo dalla seconda, perché così la sequenza logica diventa più chiara. A dominare il traffico degli oppioidi sono le organizzazioni messicane, i Narcos, eredi (se così si può dire) del Cartello di Sinaloa, cioè l'impero creato da Joaquin Archivaldo Guzmán Loera, noto in tutto il mondo come *El Chapo* (o *El Rapido*).

Fiumi d'inchiostro sono dedicati al più grande trafficante di droga della Storia, il cui business e la cui influenza possono essere messi a confronto solo con il suo altrettanto celebre precursore colombiano, cioè Pablo Escobar. Infiniti sono gli episodi della sua vita ormai entrati nella leggenda criminale, mi limito a riportarne due per capire di cosa stiamo parlando.

Intanto lo stile di vita, fatto di una certa concessione al lusso e alla vita mondana. Amante della buona tavola, *El Chapo* per anni frequenta ristoranti in varie zone del Messico, applicando sempre lo stesso rigido schema. Una ventina di uomini della scorta arriva per tempo nel locale sequestrando i telefoni a tutti i presenti. Poi giunge il boss con il suo seguito. Si svolge la cena con abbondanza di vini pregiati e, alla fine, Guzman se ne va pagando il conto per tutto il ristorante. Dopo qualche minuto, quando ormai il capo è lontano, la scorta provvede alla restituzione dei cellulari.

Poi ci sono le sue leggendarie fughe dalle carceri messicane. L'ultima avviene la sera dell'11 luglio 2015, quando *El Chapo* sparisce da una prigione di massima sicurezza, il Centro Federal de Readaptación Social n.1, a poco meno di cento chilometri a ovest di Città del Messico. Nell'area docce - l'unica parte della cella non visibile dalla telecamera di sicurezza - *El Chapo* si cala attraverso un'apertura praticata sul pavimento, raggiungendo così un tunnel lungo un chilometro e mezzo, che porta nel quartiere di Santa Juanita. Il tunnel è alto meno di due metri e largo 75 cm, è dotato di luce artificiale, condotti d'aerazione e materiali di costruzione di alta qualità. E di un mezzo di trasporto: una motocicletta su binario.

L'indagine successiva appura che la progettazione è stata opera di ingegneri tedeschi, portata avanti attraverso l'acquisto di un terreno distante poco più di un chilometro dal carcere, mentre un'apparecchiatura laser ha consentito di arrivare sotto la via di fuga di *El Chapo* con un errore massimo di 15 cm. Un'operazione palesemente impossibile, senza un livello enorme di corruzione dentro il corpo di guardia del carcere.

Arrestato per la terza volta ai primi di gennaio del 2016, *El Chapo* tenta in ogni modo di opporsi alla richiesta di estradizione che viene dagli Stati Uniti. Per farlo non lesina risorse e minacce, al punto che il coraggioso e giovane magistrato che segue la pratica, il trentottenne Vicente Antonio Bermúdez Zacarías, viene assassinato la mattina del 17 ottobre 2016 mentre sta facendo jogging.

La richiesta americana, comunque, viene accolta e il 19 gennaio 2017 Guzman arriva a New York: ci sono 17 tribunali federali che hanno avviato procedimenti giudiziari contro di lui. Il 2 febbraio 2019 arriva la sentenza, che condanna *El Chapo* all'ergastolo più trent'anni di reclusione per tutti i dieci capi d'imputazione, ordinandone la reclusione nel supercarcere Adx Florence in Colorado, struttura progettata per ospitare i detenuti più pericolosi d'America. La sentenza dispone anche un risarcimento di 12,6 miliardi di dollari; il che ci aiuta a capire la dimensione stratosferica del giro d'affari del cartello di Sinaloa, tale che Guzman viene inserito da *Forbes* nell'elenco dei 25 uomini più ricchi del mondo.

Da allora e fino a oggi il potere dei cartelli della droga è cresciuto ulteriormente, nonostante l'offensiva sempre più decisa anche a livello internazionale delle forze di polizia. Ci sono gli eredi diretti, tra i cui i figli del fondatore Iván Archivaldo, Jesús Alfredo e Ovidio (quest'ultimo arrestato a gennaio del 2023). Poi c'è il cartello Jalisco Nueva Generación, non meno significativo ormai del gruppo di Sinaloa. Ma soprattutto conta il censimento ufficioso, che stima in circa duecento le organizzazioni criminali che si occupano di traffico di droga.

Un numero cresciuto proprio con l'arrivo sul mercato del *Fentanyl* e di tutti i suoi simili: il vero Eldorado dei trafficanti di droga contemporanei.

***

Facciamo un salto clamoroso nello spazio e nel tempo, finendo lontano anni luce dal contesto criminale e disperato di cui abbiamo sin qui trattato. Arriviamo all'ultimo e recentissimo colloquio tra le due figure istituzionali più importanti del mondo, cioè il presidente degli Stati Uniti Joe Biden e il presidente-segretario della Repubblica popolare cinese, Xi Jinping.

Siamo al 2 aprile 2024 e, in una lunga conversazione a distanza durata oltre un'ora, vengono affrontati i più scottanti temi dell'attualità internazionale. Tra questi, c'è un argomento che sta molto a cuore al leader americano ed ecco come lo sintetizza una delle più importanti agenzie di stampa del mondo, l'*Associated Press*:

> «Biden, nella telefonata con Xi, ha esortato la Cina a fare di più per rispettare i suoi impegni di fermare il flusso di narcotici illegali e a programmare ulteriori precursori chimici per impedirne l'esportazione. L'impegno è stato assunto durante il vertice dei leader tenutosi lo scorso anno a Woodside, in California, a margine dell'incontro sulla cooperazione economica Asia-Pacifico».

Adesso depuriamo il tutto dal doppio filtraggio, quello del linguaggio diplomatico che stende il comunicato stampa e quello dell'agenzia che tende a riportare in modo fedele ma asettico.

Andiamo dunque alla sostanza, talmente importante da trovare spazio nelle informazioni immediatamente diffuse ai principali organi d'informazione. La sostanza è che il flusso devastante di *Fentanyl* è certamente gestito dai Narcos, ma altrettanto certamente alimentato dai prodotti chimici di base (i cosiddetti «precursori»), che servono al confezionamento delle pasticche illegali. Tali precursori sono sostanzialmente prodotti di origine cinese.

Se è vero, come è vero, che dal 2019 le autorità di Pechino perseguono ogni tentativo d'esportazione di queste sostanze verso gli Stati Uniti, è altrettanto certo che le forze di polizia messicane hanno documentato un flusso enorme di questi materiali verso le organizzazioni criminali che operano al confine con gli Stati Uniti. E questo flusso continua ad avere la sua base produttiva più importante proprio in Cina.

Per rafforzare la lotta ai Narcos, a marzo 2023 Washington stringe perciò un accordo con il governo di Città del Messico per contrastare il fenomeno in modo più deciso, anche facendo leva su una più concertata azione verso i produttori cinesi. C'è cooperazione tra le forze di polizia, le autorità doganali, i servizi d'intelligence.

Ma l'enorme mole di denaro consente ai trafficanti di disporre di strumenti sempre più potenti e raffinati, non solo per gestire il traffico ma anche per realizzare prodotti chimicamente più efficaci e dalla micidiale capacità di creare dipendenza. Allo scopo, come documentato da un'inchiesta congiunta della Dea con l'omologa agenzia messicana, i cartelli hanno anche organizzato spietate sperimentazioni su esseri umani, portandone diversi alla morte ma riuscendo così a migliorare (dal loro punto di vista) la composizione delle pasticche.

Tutto questo non sarebbe possibile senza l'enorme afflusso di materiale chimico cinese, spesso reperibile online senza neanche bisogno di immergersi nei meandri del *dark web*. E mentre Messico, Canada e Stati Uniti fanno i conti con una strage che ormai ha effetti diretti sul Pil (negli Usa il *Fentanyl* è la prima causa di morte nella popolazione tra i 18 e i 49 anni), dalla Cina giungono segnali di collaborazione a giorni alterni. Sono diminuiti significativamente i commerci per via diretta? Senz'altro sì. È calato il flusso verso i cartelli? Certamente no.

***

Quindi, il punto è tutto qui: i fatti di cui stiamo parlando sono soltanto frutto di logiche criminali o invece contengono un certo atteggiamento di disinteresse (o, peggio, compiacimento) da parte delle autorità cinesi verso una piaga che sta colpendo duramente il loro unico rivale geopolitico, peraltro impegnato in un poderoso sostegno militare all'indipendenza di Taiwan?

E che dire di casa nostra, dell'Italia e dell'Europa? Possiamo affermare verosimilmente che siamo solo all'inizio. E, dunque, forti della tragica esperienza americana, dobbiamo impedire che avvenga qualcosa di simile anche da noi.

A novembre del 2023 un'operazione della Guardia di Finanza in collaborazione con la Dea americana porta all'arresto di sette persone a Piacenza, trovando tracce del ruolo del capobanda nel traffico di 100 mila dosi di *Fentanyl* tra la Cina e gli Stati Uniti, ragione per la quale Washington ne chiede l'estradizione. È un singolo episodio, ma significativo del pericolo che corriamo anche da noi.

Più in generale, a livello continentale si comincia a vedere qualche segno preoccupante; come nel caso dell'Estonia, che ha rilevato un picco di decessi da oppioidi mai registrato in passato. Le indagini stanno infatti evidenziando contatti operativi tra i cartelli messicani e varie organizzazioni criminali europee, con viaggi sospetti dei «cuochi» americani (gli esperti nel confezionamento del prodotto) verso l'Europa.

Insomma, la guerra del *Fentanyl* è già in corso ed è brutale in Nord America. Da questo lato dell'oceano è ai blocchi di partenza. Deciderà la Cina di impiegare tutte le energie possibili per stroncare le produzioni di precursori che partono dai suoi laboratori?

Chi dice che si può fare facilmente è stupido e anche in malafede. Ma nessuno può dire che sin qui ci sia stato il massimo sforzo. E allora occorre sapere che anche questa è una sfida per la leadership. Perversa finché si vuole, ma brutalmente efficace. Proprio come il *Fentanyl*.

18.
Spazio delle mie brame

La data «storica» in qualche modo è quella del 7 gennaio 2024, quando la Nasa, per bocca della vicepresidente degli Stati Uniti Kamala Harris, annuncia la firma dell'accordo con il Mohammed Bin Rashid Space Center per la costruzione del modulo *Airlock* della stazione spaziale lunare Lunar Gateway, cioè la stazione spaziale che Usa, Europa, Canada e Giappone lanceranno in orbita cislunare a partire dal 2026, e che servirà a supportare le missioni sulla superficie lunare ma anche, in prospettiva, come tappa per esplorazioni nella Spazio profondo (Marte in primis). Lunar Gateway si posizionerà a 380 mila chilometri dalla Terra e per raggiugerla serviranno cinque giorni di viaggio: mai nella storia dell'uomo si è costruito qualcosa di così complesso da mettere in un'orbita tanto lontana.

Ebbene, la data è così importante anche perché segna l'ingresso ufficiale dell'agenzia spaziale degli Emirati

Arabi Uniti nel gruppo che sta lavorando al più ambizioso progetto di cooperazione internazionale in corso d'opera fuori dal nostro pianeta (se prendiamo in considerazione solo i progetti con date e obiettivi certi).

Ed è uno dei numerosissimi segnali che ci permettono di dire con assoluta certezza che la leadership al tempo presente, e ancor più in quello futuro, ha nelle attività spaziali un elemento imprescindibile, sul quale si stanno indirizzando investimenti colossali pubblici e privati, nonché una sempre crescente attenzione di carattere politico, anche in nazioni tradizionalmente estranee a questo ambito.

Se infatti per la seconda metà del Novecento la storia delle esplorazioni spaziali l'hanno scritta soltanto in due - Usa e Urss - oggi siamo a una decina di soggetti decisamente attivi, che rendono il panorama assai movimentato.

Chiamiamo le cose con il loro nome dunque: il duopolio Usa-Urss del secolo scorso è finito da almeno un paio di decenni, forse anche tre. Vale in molti ambiti, dalla forza militare all'intelligence, dall'influenza politica (capitalismo contro comunismo) allo sport (basta guardare i moderni medaglieri olimpici e confrontarli con quelli degli anni Sessanta o Settanta).

E vale clamorosamente per tutto ciò che si muove intorno alle attività spaziali. Canada, Unione Europea, Gran Bretagna, Cina, Giappone, India, Arabia Saudita, Emirati Arabi Uniti, Iran, Egitto, Nigeria, Kenya, Sud Africa: il club delle nazioni con budget importanti ed attività spaziale in corso (o prevista) si va facendo di anno in anno sempre più frequentato.

Non solo. Sta accadendo qualcosa d'impensabile solo trent'anni fa: soggetti privati (naturalmente assai robusti finanziariamente) stanno investendo sulle missioni extraterrestri. Sono ancora in prevalenza americani, anche grazie alla grande diffusione di conoscenze di personale che ha lavorato alla Nasa. Ma si stanno affacciando nuove figure un po' in tutto il mondo.

Con l'aiuto di *Wired* riusciamo a capirlo meglio, perché proprio recentemente ha pubblicato un approfondimento dettagliato sulle missioni previste (o già attuate) per il 2024. Ed è proprio questo elenco ragionato - che qui riproduco solo in parte - che ci consegna la fotografia dell'esistente già impressionante di per sé, figuriamoci se proiettata su quello che avverrà da qui al 2050.

Intanto, a gennaio 2024 si è svolta la missione *Axiom-3*, che ha raggiunto la Stazione Spaziale Internazionale (Iss) con un equipaggio che da solo spiega molte cose: il comandante è lo spagnolo Michael López-Alegría, il pilota è l'italiano Walter Villadei, il primo specialista di missione è il turco Alper Gezeravci mentre il secondo è lo svedese Marcus Wandt.

Tutto ciò considerato che *Axiom Space* è un'azienda privata americana, con sede a Houston (Texas), fondata nel 2016 da Michael Suffredini e Kam Ghaffarian. Ha effettuato il primo volo spaziale nel 2022 e oggi punta a possedere (e gestire) la prima stazione spaziale commerciale al mondo già nel 2025. Il lancio è avvenuto l'8 aprile 2024, grazie al lanciatore *Falcon 9* e al veicolo spaziale *Crew Dragon* di *SpaceX*, la società del gruppo di Elon Musk dedicata alle attività fuori pianeta Terra.

Il mondo Nasa/Agenzia spaziale sovietica è insomma lontano anni luce, per usare un'espressione in sintonia con il tema. Scopo della missione *Axiom-3* è condurre una serie di esperimenti in condizioni di microgravità, alcuni dei quali progettati in Italia. Ne citiamo uno particolarmente curioso: i tre chili di fusilli *Barilla* di cui tanto si è parlato, serviranno per comprendere come affrontare al meglio i bisogni alimentari degli astronauti in condizioni estreme (altri rilevamenti serviranno, ad esempio, per lo sviluppo di terapie per l'Alzheimer e il Parkinson).

★★★

Andiamo avanti. Il 4 marzo 2024 è partita, sempre dal Kennedy Space Center della Nasa in Florida, la *Crew 8*, ottava missione di *Space X* in collaborazione con l'Agenzia spaziale americana. Quattro persone a bordo di cui una donna, Jeanette Epps. Ma soprattutto, come già per *Crew* 7, un astronauta russo nel gruppo, Alexander Grebenkin, in addestramento dal 2018; segno che la collaborazione con Mosca continua, pur tra mille difficoltà, almeno fino al 2025. L'obiettivo è sempre la Stazione Spaziale Internazionale, ma la permanenza è molto più lunga della missione precedentemente esaminata, poiché il quartetto resta in orbita per sei mesi di sperimentazioni.

Particolarmente interessante è poi la nuova missione cinese, che ha preso il via a maggio. In partenza dallo spazioporto di Wenchang sull'isola di Hainan, si chiama *Chang'e 6* e per la prima volta in assoluto nella storia dell'esplorazione lunare, ha lo scopo di raccogliere materiale sul lato nascosto del nostro satellite e riportarlo sulla Terra per le moltissime analisi che attendono i campioni reperiti. La missione è stata prevista per un tempo di 53 giorni con l'allunaggio del lander nel bacino di Apollo, appunto sul lato nascosto della Luna, dove il robot potrà imbarcare fino a due chilogrammi di materiale utilizzando una paletta e un trapano. In concomitanza, viene lanciato anche un satellite, chiamato *Queqiao-2*, che servirà come ponte di collegamento per le comunicazioni presenti e future, poiché il lato nascosto della Luna non è mai visibile direttamente dalla Terra.

Nessuno pensi a una gita di piacere o a un moto di pura curiosità verso l'ignoto. Non va minimamente sottovalutata la portata di questa missione cinese, perché segna non tanto l'ingresso a pieno titolo della China National Space Administration nel club ristretto delle nazioni che hanno portato un lander sulla Luna (Usa, Russia, Giappone, India e, appunto Cina, già con *Chang'e 3* nel 2013), quanto per il fatto che arrivare in *quella* parte della Luna è impresa a nessuno riuscita sinora. Ed è allora evidente che, di là dalle pur rilevanti implicazioni di carattere tecnico-scientifico, qui siamo di fronte a una purissima sfida per la leadership.

Maggio 2024 è anche il momento scelto per la «discesa in campo» di uno dei protagonisti più attesi del Grande Gioco dello Spazio, cioè l'americana *Boeing*, storico colosso dell'aviazione civile. La sua navetta *Starliner* Cst-100 è programmata per raggiungere con equipaggio a bordo la Stazione Spaziale, più o meno in contemporanea con un'altra missione del gruppo di Elon Musk, vale a dire *Polaris Down*, avventura questa volta finanziata dal miliardario Jared Isaacman, quarantenne fondatore di *Shift4Payments* (da lui avviata a soli sedici anni nel seminterrato di famiglia, nel New Jersey). Appassionato di tutto ciò che vola, Isaacman ha fondato nel 2011 un'altra compagnia di successo, la *Draken International*, che opera nel settore Difesa addestrando piloti dell'Air Force e utilizzando la più grande flotta mondiale privata di velivoli ex militari. Nel 2019 vende la *Draken* al fondo d'investimento *Blackstone* per una cifra importante ma non nota ufficialmente; il che lo rende decisamente «liquido» e pronto a investire il proprio capitale su missioni spaziali.

Al via in tarda primavera anche la missione congiunta tra Esa e Jaxa (quindi, Unione Europea e Giappone) che prende il nome di *EarthCare*: lo scopo è uno studio dedicato all'evoluzione della temperatura della Terra. In estate, debutta l'attesissimo *Ariane 6*, il lanciatore pesante che dovrebbe ridare all'Europa autonomia di accesso allo Spazio. È la base di Kourou nella Guyana francese a ospitare le operazioni di lancio, per quella che è stata annunciata come una tappa fondamentale per il ritorno da protagonista dell'Esa nello Spazio.

Attenzione però, perché i lanci dei satelliti *Galileo* per le telecomunicazioni ancora adesso stanno continuando grazie ai vettori di *Space X*, segno del fatto che i ritardi europei sono tutt'altro che risolvibili nel breve periodo.

Entro il 2025 è previsto il lancio della capsula *Orion*, destinata a portare in orbita cislunare gli americani Reid Wiseman (comandante), Victor Glover (pilota), Christina Koch (specialista) e il canadese Jeremy Hansen, per una missione congiunta Nasa e Csa (l'agenzia spaziale canadese). Resteranno dieci giorni nello Spazio, spingendosi a una distanza dalla Terra mai raggiunta da un essere umano.

Ancora senza data è invece *Artemis 3*, la più ambiziosa missione Nasa che dovrà riportare l'umanità sulla superficie lunare. Il vettore sarà sempre *Space X*, ma allo stato dell'arte non sono ancora completati i test necessari, anche se la compagnia ha già venduto due voli umani privati in orbita cislunare.

Uno di questi l'ha acquistato Yūsaku Maezawa, fondatore del più importante sito web di vendita di moda al dettaglio, *Zozotown*. Con il progetto *#dearMoon* vuole portare un gruppo di artisti a condividere con lui l'esperienza dell'orbita intorno alla Luna: l'elenco degli ospiti è già noto e quanto mai eterogeneo. C'è il dj americano Steve Aoki, la fotografa irlandese Rhiannon Adam, il rapper coreano Choi Seung-hyun (meglio noto come T.O.P.), il documentarista keniano Karim Iliya. L'astronave *Starship* però non è pronta, occorre attendere.

Non abbiamo sin qui parlato dei programmi russi, innanzitutto perché non vi sono attività di rilievo previste nel 2024. Però ad aprile 2023 è stato lo stesso Vladimir Putin a fare un annuncio di primaria importanza, vale dire la decisione del Cremlino di costruire una stazione spaziale tutta sua, abbandonando quella internazionale da qui a pochi anni.

A breve distanza di tempo è giunta anche una comunicazione ufficiale del direttore dell'agenzia spaziale Roscosmos, Yuri Borisov, che rimarcava la volontà di rendere pienamente operativa la stazione russa nel 2032.

Il tutto con un investimento previsto di circa 7 miliardi di euro, e con i primi moduli in orbita già nel 2025.

★★★

Sarebbe un grave errore considerare solo gli aspetti civili della nuova corsa allo Spazio, perché quelli militari sono decisamente di primaria importanza. A questo proposito, la Roscosmos ha mostrato un *Icbm*, acronimo di Inter Continental Ballistic Missile, convertito dal Moscow Institute of Thermal Technology - che fa parte dell'agenzia spaziale russa - in un vettore capace di portare fino a 700 kg di materiali (armi?) in orbite tra i 200 e i 1.500 chilometri dagli spazioporti di Vostochny e Plesetsk, facendo leva su una base affidabile e a basso costo.

E qui si arriva a un aspetto fondamentale per le vicende spaziali dei prossimi anni: i conflitti si giocheranno anche lì, qualcuno addirittura dice soprattutto lì. Andiamo allora alla giornata del 14 febbraio 2024, quando a Washington si diffonde per bocca di Mike Turner, presidente della Commissione Intelligence della Camera, un improvviso allarme su una non meglio definita «capacità militare straniera destabilizzante».

Ne nasce uno scambio di messaggi tra la Casa Bianca e il Cremlino, con la prima che rilascia dichiarazioni tranquillizzanti, mentre però varie ben informate indiscrezioni di stampa iniziano a descrivere l'imminente arrivo in orbita terrestre di armi nucleari russe antisatellite, ragione che avrebbe portato l'amministrazione Usa alla decisione di informare gli alleati.

La risposta di Mosca non si fa attendere e il portavoce del presidente, Dmitry Peskov, afferma che si tratta di «un tentativo americano di screditare la Russia», mentre il Congresso è alle prese con l'approvazione del pacchetto di aiuti per l'Ucraina. Resta il fatto che il 27 dicembre 2023 e il 9 febbraio 2024 (curiosamente alla stessa ora, le 10.03) la Russia manda in orbita dal cosmodromo di Plesetsk due satelliti dalle caratteristiche ignote, con il secondo certamente appartenente al ministero della Difesa.

Scrive Paolo Mauri per *InsideOver*: «Non abbiamo modo di sapere se effettivamente la Russia stia prendendo la strada per posizionare ordigni atomici in orbita per attività Asat (Anti-satellite), ma sappiamo che le Vks (Vozdushno-Kosmicheskiye Sily), ovvero le forze aerospaziali russe che sovrintendono anche all'attività militare nello Spazio, da tempo stanno posizionando in orbita satelliti per la Space Warfare, in particolare per il contrasto attivo dei satelliti nemici».

Guerra spaziale che, secondo Frediano Finucci, autore del saggio *Operazione Satellite*, in parte è già cominciata: «Esattamente due settimane dopo il referendum in Crimea si verifica il più clamoroso guasto a un'infrastruttura satellitare mai avvenuto nella Storia, a danno delle Forze armate russe. Alle 22,30 del primo aprile 2014 i vertici dell'Agenzia spaziale russa assistono, sgomenti, a un fenomeno mai visto. Tutti i 24 satelliti della costellazione Glonass (l'equivalente del Gps americano) si spengono uno dopo l'altro. Nel giro di pochi minuti le navi militari, gli aerei, le basi dei missili si ritrovano senza il loro sistema di navigazione. Praticamente al buio, pericolosamente vulnerabili. Il black out dura tredici ore». Cos'è successo? «Che sia stato un attacco è un fatto "possibile, probabile, ma non dimostrabile" con la certezza, comunque, che solo gli Stati Uniti hanno la tecnologia per fare una cosa del genere».

Ancora: «Il 24 febbraio 2022, un'ora prima che ai carristi russi venisse impartito l'ordine di accendere i motori per oltrepassare il confine ucraino, iniziava un attacco tanto silenzioso quanto devastante contro un'infrastruttura satellitare utilizzata dal governo e dall'esercito di Kiev. Nelle prime 24 ore di guerra, almeno 30 mila ricevitori satellitari andavano fuori uso in Germania, Grecia, Italia, Francia, Polonia e Ungheria. In questi Stati improvvisamente veniva a mancare la connessione Internet a banda larga di molte abitazioni e, a causa della mancanza di collegamento satellitare, alcune aziende incontravano grosse difficoltà a governare le loro infrastrutture». Stavolta la mano è decisamente russa.

Questi due episodi dimostrano chiaramente come anche lo Spazio sia ormai parte integrante della sfida geopolitica che si gioca sulla Terra. Con orbite sempre più affollate, non solo quelle terrestri, e strumenti (lassù) sempre più in grado di capire e indirizzare quanto accade (quaggiù), dobbiamo avere ben chiaro che nello Spazio si giocano almeno due partite fondamentali.

La prima, relativamente pacifica, ha come posta in gioco la leadership tecnico-scientifica, con conseguenti effetti politici di primaria importanza. La seconda, assai meno pacifica, vede uomo e macchine pronti a farsi la guerra anche in orbita. Sembra un film, ma non lo è.

Conclusioni

Si può chiudere con una nota di ottimismo questo libro? A mio avviso sì, perché non è vero che gli scenari siano per forza disastrosi. In realtà, il mondo vive da sempre in mezzo a tragedie inenarrabili, violenze inaudite, soprusi diffusi a ogni livello. È la natura umana, anche se troppo spesso tendiamo a rappresentarci come gli esseri più buoni del pianeta, unicamente dediti ad accarezzare un cucciolo di cane in favore dell'obiettivo del telefono, pronto a fornirci quei trenta secondi da postare su *Instagram* o *TikTok* senza i quali ci sentiamo persi.

Gli umani invece sono esseri di crudeltà infinita, capaci di fare del male solo per il gusto di fare del male, pronti a ripetere quel comportamento per migliaia di volte. Però c'è anche molto altro e, nel complesso, oggi viviamo in un mondo ricco di opportunità. Ma nessuno è autorizzato a ragionare con ingenuità. L'Occidente, l'Europa, noi. Non ci faranno sconti, il conto sarà da pagare fino all'ultimo centesimo.

È dunque indispensabile avere contezza del quadro geopolitico e geostrategico sinteticamente descritto in questo libro, perché l'Occidente si salva solo se capisce e affronta le vere sfide del nostro tempo.

Come scrive (saggiamente) Manlio Graziano nel suo recentissimo *Disordine Mondiale* (Mondadori, 2024): «Non esiste, nel corso della storia dell'umanità, un "ordine mondiale" nato dalla decisione di una o tutte le parti di rinunciare volontariamente a quelli che, nel linguaggio politico, vengono chiamati gli "interessi vitali". Solo quando la polvere delle "guerre di sterminio" si posa sul "grande cimitero del genere umano" (secondo la definizione di Kant), allora, e solo allora, si dettano le "regole" dell'ordine mondiale e, ovviamente, sono i vincitori a dettarle ai vinti».

È, tutto sommato, il senso del discorso del presidente della Repubblica francese alla Sorbona di fine aprile 2024. «Siamo in un momento di grande accelerazione - dice Emmanuel Macron - Dobbiamo essere lucidi, l'Europa oggi può morire, è mortale. Questo dipende unicamente dalle nostre scelte, scelte che devono essere fatte oggi. Sul nostro continente si gioca una questione di pace o di guerra».

Lasciamo stare ogni giudizio politico sul presidente della Francia. E mettiamo per un momento da parte persino il fatto che, se c'è un governo che spesso ragiona più in termini nazionali che europei, è proprio quello dell'Eliseo. Tuttavia, Macron dice il vero e non mi interessa affatto perché lo dice, né quale calcolo elettorale fa in chiave europea. La sfida è quella lì. Punto e basta.

paesi
EDIZIONI

Finito di stampare
nel mese di aprile 2024
da Arti Grafiche La Moderna Srl
Guidonia Montecelio (RM)

paesiedizioni.it